モンスターにされた生き物たち

妖怪・怪物の正体とは?

Hidehiro Inagaki
稲垣栄洋

二見書房

目次

モンスターにされた生き物たち

妖怪・怪物の正体とは?

サイクロプス
Cyclops

紹介

「サイクロプス」は、ギリシャ神話に登場する一つ目の巨人である。ギリシャ語の発音から、キュクロプスとも呼ばれる。

サイクロプスは、元々は神の子であったが、凶暴で野蛮な化け物として描かれている。

一つ目小僧や一つ目入道など、妖怪やモンスターには、一つ目の怪物が多い。

人間は目が二つある。顔の真ん中に目が一つしかないという姿は、あまりに奇異であり、いかにも怪物というにふさわしい。

ライオンやオオカミやクマのような人間にとって恐ろしい猛獣も、人間と同じように目は二つである。こんな一つ目の怪物のモチーフとなった生き物など、この世に存在するのだろうか。

正体

13ページのイラストがサイクロプスの頭蓋骨とされるものである。

そう言われれば、これは一つ目の巨人の頭蓋骨にしか見えない。

ところが、実際には、これは象の骨である。目のくぼみ（眼窩（がんか））のように見えるところは、象の鼻孔なのである。

この象の骨が、サイクロプスの物語を生んだ原因であると言われている。

もっとも、ギリシャには象はいない。しかし、ギリシャではマンモスや巨大な古代象の化石が発見されている。この化石が掘り起こされて、一つ目の巨人の伝説が作られたのだ。むしろ、象を知らなかったからこそ、象の頭蓋骨から一つ目の巨人を想像できたのだろう。

サイクロプスと似たような伝説は、日本にもある。

たとえば「一つ目入道」のような、一つ目の巨人の伝説は各地に残るが、それは古代に日本に分布していたナウマンゾウの化石から想像されたのではないかとされている。

神話ではサイクロプスは、三人兄弟で、神々の武器を作る鍛冶屋であったとされている。

古代、農具や武器を作る鉄は、権力者にとっては権力そのものであった。しかし、鉄を扱う高度な技術は、一般の人々にとっては怪しげな技であった。そして、鉄に携わる人たちは、富や権力を巡る争いの中で時に攻められ、奪われ、虐げられ、権力者たちの手によって、一般の人々の暮らしから遠ざけられてきた。

鉄を作るときには、炎の温度を判断するために、片目で炎の色の変化を見つづける必要があった。そのため、片目だけ失明することが多かったのである。

ちなみに鉄を作るときには、空気を送って温度を高めるために、片足でフイゴを踏みつづけた。そのせいで、片足だけ悪くする者も多かったという。

日本の妖怪の中にも、「からかさ小僧」や「一本だたら」のように、一つ目で片足のものがあるが、それは製鉄に携わった人々がモデルであるとされている。

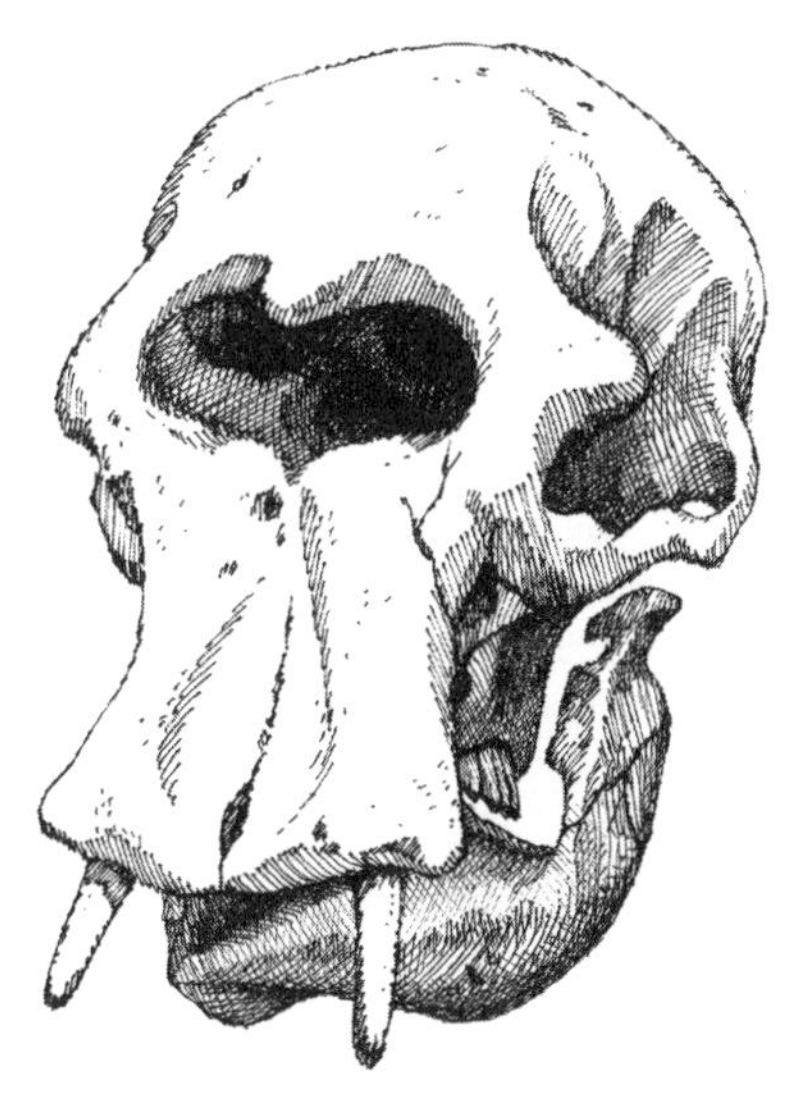

象の頭蓋骨

小豆洗い
Azuki-arai

紹介

夕暮れ時に川辺に近づくと、川の流れの音に混じって、どこからともなくショキショキと小豆を洗う音が聞こえる。音の主を探しても姿はなく、ただただ小豆を洗う音だけが不気味に響くだけである。そして、音に誘われて川辺に近づいていくと、水に落とされてしまうという。

これが、妖怪「小豆洗い」である。人気アニメの『ゲゲゲの鬼太郎』では、小豆洗いの姿は禿げ頭の男に描かれているが、それ以外にも、小僧の姿をしているとか、老婆の姿をしているとか言われており、はっきりしない。

また、その姿を見たものは幸福になるとも、死ぬとも伝えられている。結局、その正体をはっきりと見た人はいないのである。

「音はすれども姿は見えず」。小豆洗いはまさにそんな妖怪なのである。

正体

小豆は他の豆のように水につけることなく、ショキショキと洗う。「小豆を研ぐ」という言い方もあり、妖怪も「小豆とぎ」と呼ばれることもある。小豆は現代でも枕の中に入れたり、温熱パッドとして利用されるほどの、硬い豆である。小豆がこすれて出す音は、昔から波音や雨音の効果音としても使われてきた。

また、小豆洗いの正体は、昔からあれこれと詮索されてきた。イタチがしっぽで音を立てたり、口を鳴らしたりする音であるとも言われているし、キツネやタヌキ、カワウソが化けたものであるともされている。あるいは、蝦蟇（がま）が化けた妖怪であるとも言われているし、さらには、風で竹の葉がすり合う音にすぎないとも言われている。

ところが江戸時代になると、この妖怪の正体がゴマ粒ほどの虫であることが突き止められた。「小豆洗い虫」と名付けられたその虫は、現代ではチャタテムシと呼ばれる。チャタテムシは、樹木の茂みなど湿った場所に生息している。チャタテムシはわずか数ミリの大きさなので、その姿はとても見えないが、足の基部に発音器官を持っていて、音を立てる。この小さな虫の立てる音が、静まり返った夕闇の中で妖怪を思わせるほど不気味に響くのである。

それにしても、どうして小豆洗いは、他のものではなく小豆を洗うのだろうか。

昔から、赤色の小豆は邪気を払う神聖なものとされてきた。たとえば、一月十五日には、邪気を払うために小豆の入った粥を食べる風習がある。また、お祝い事には小豆の入った赤飯を炊く。

そのため、小豆洗いは、他でもない小豆を洗うのである。

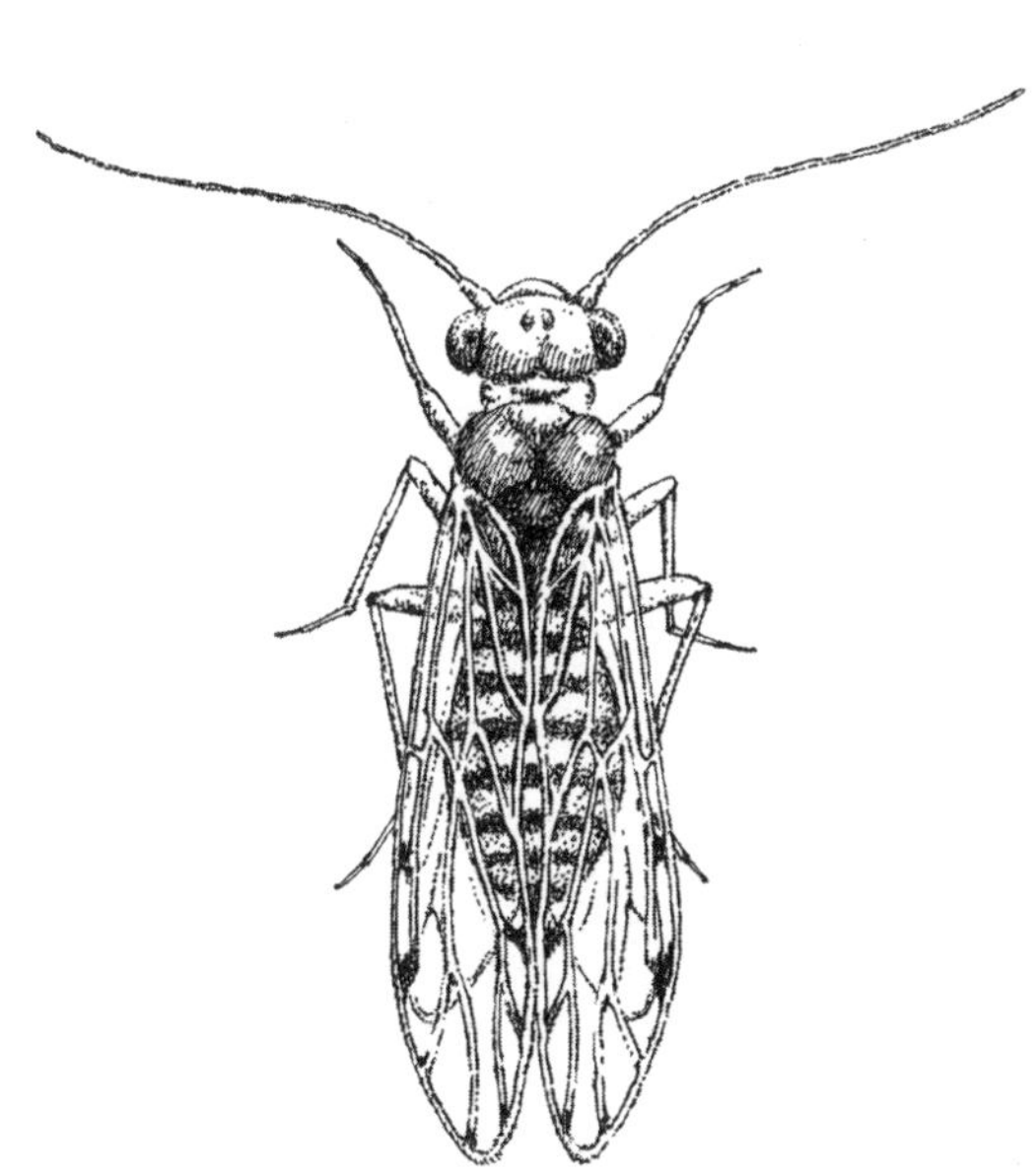

チャタテムシ

かくれ座頭
Kakure-zato

紹介

東北地方や関東地方に伝えられる妖怪に「かくれ座頭」がある。

かくれ座頭は、子どもを隠れ里に連れさらうと言い伝えられている恐ろしい妖怪である。もともとかくれ座頭の名は「隠れ里」に由来していると言われている。人には見えない岩窟の深くに住むとも伝えられている。

隠れ里という言葉は、本来は理想郷のような存在として言い伝えられていたが、いつの頃からか、子どもを異空間に連れさらう妖怪となってしまった。連れ去られた子どもたちは、いったい、どうなってしまうのだろう。それは誰も知らない。

かくれ座頭は、踏み臼で籾（もみ）をつく音を立てると言われている。

そんな不気味な音を立てながら、かくれ座頭はどこからともなく現れて、夕闇に紛れて、子どもたちをさらっていくのである。

正体

昔は夕闇にまぎれて子どもを連れさる「人さらい」が多かったのだろう。それが、かくれ座頭の仕業とされたのである。

実際には、かくれ座頭の姿を見た人はいない。音だけが聞こえる妖怪である。

このかくれ座頭の出す音の正体も、小豆洗いと同じチャタテムシの仲間である。

チャタテムシの中には、屋内に棲む種類も多い。チャタテムシはカビなどを食べるため、風通しの悪い湿った場所を好む。家の中では台所や、押し入れの奥、書斎の本棚などがチャタテムシの棲みかである。

そして、室内に棲むスカシチャタテという種類のチャタテムシが立てた音が障子に共鳴して「サッササッ」と音を立てる。これが踏み臼の音に聞こえたのである。

小豆洗いと同じように、江戸時代になると人々はチャタテムシの存在を認識するようになった。チャタテムシの名前は、障子に共鳴した音が、茶を立てるときの音にたとえられて「茶立て虫」と名付けられたのである。

江戸時代の俳人、小林一茶が「有明や虫も寝あきて茶をたてる」と詠んだのも、このチャタテムシのことである。

デス・ウォッチ
Death Watch

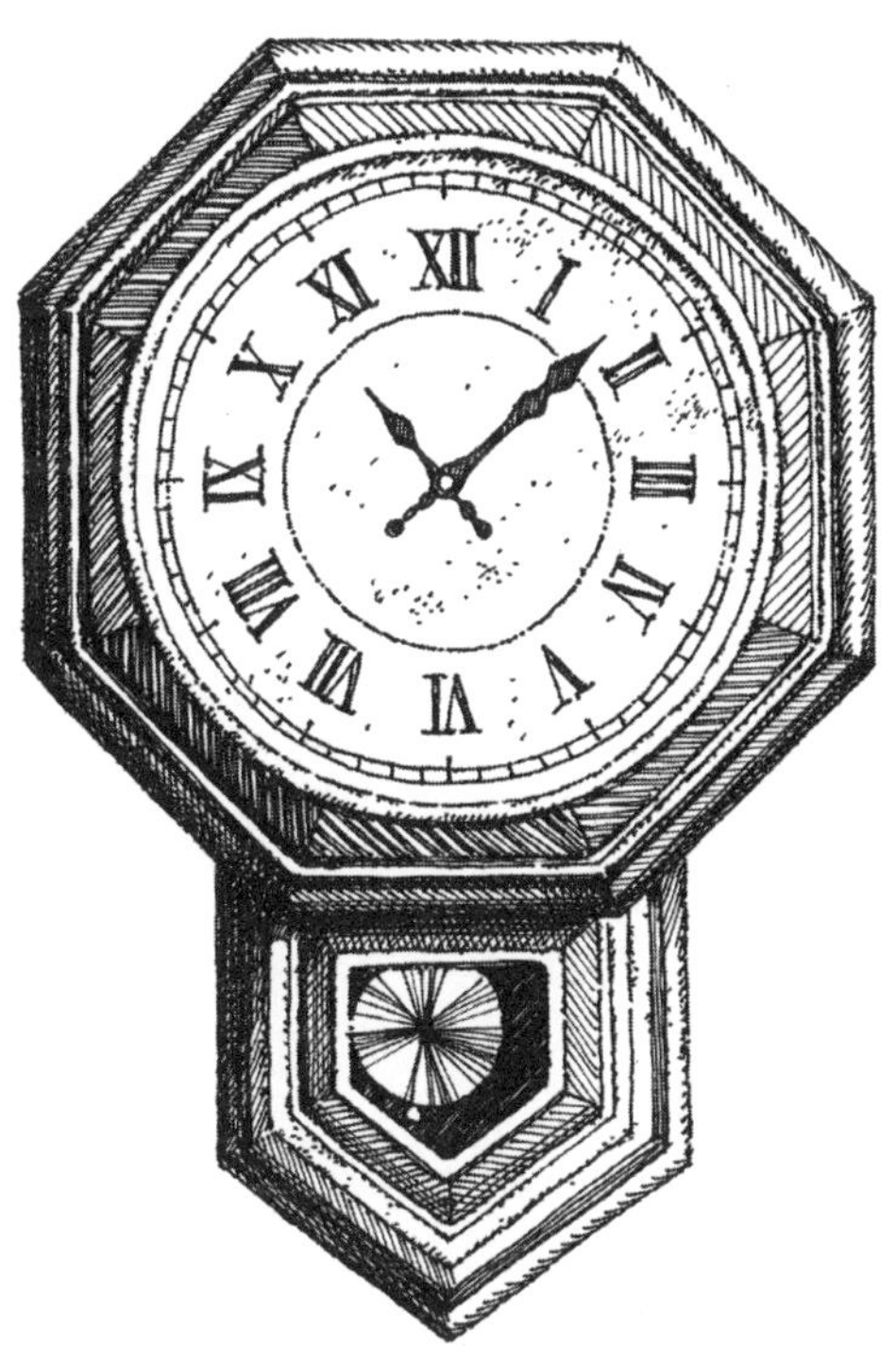

紹介

西洋の古い屋敷。誰もいない薄暗い部屋の中で、夜中になるとチッチッチッチッチッチッ……と時計の音が聞こえる。この部屋には時計はない。気のせいかとも思うが、そうではなさそうだ。静まりかえったその部屋に時計の音だけが、はっきりと聞こえてくる。

この怪現象が「デス・ウォッチ」である。

この時計の音は、死への秒読みであると言われている。そして、この時計を持った死に神が、あなたが死を迎える時をじっと待っているのだ。

チッチッチッチッチッチッ……と時計の音は、どんどん大きくなる。止まることなき死へのカウントダウンが、確実にあなたを恐怖に陥れるのである。

正体

小豆洗いやかくれ座頭の正体であったチャタテムシと同じように、音を立てて人々を驚かせた虫がいる。

それがシバンムシである。

シバンムシは、コガネムシの仲間で、体長は一センチメートルにも満たない小さな虫である。この虫の英名は、「death watch beetle（死の時計の虫）」と言う。この「死の時計」が「死の番」と訳されて、シバンムシ（死番虫）と名付けられたのである。

シバンムシ

シバンムシの仲間は世界で二〇〇〇種類以上が知られているが、その多くが、乾燥した植物をエサにしているため、乾燥食品やタバコを食べてしまう害虫である。中には本を食べてしまうものも少なくない。

枯れ木や材木をエサにするシバンムシが、シロアリのように家屋の建材や家具の中に穴を空けて忍び込んで棲みつくのである。

シバンムシのオスは、木材の中で頭を木に打ち付けて信号音を出す。こうして、メスを呼び寄せて、交尾をするのである。

このシバンムシのオスが出す音が、時計の音のように聞こえた。

これがデス・ウォッチの正体である。

Nue

紹介

『平家物語』において、「鵺」の姿は、頭が猿で胴が狸、手足が虎、尾が蛇と伝えられている。

平安時代末期のこと、天皇の住む御殿に、深夜になると森の方から黒雲がやってきて、御殿の上にたなびいては、不気味な鳴き声が聞こえるようになった。その不気味な声に恐怖した近衛（このえ）天皇は病に伏してしまった。

そこで、弓の達人である源頼政（みなもとのよりまさ）に、鳴き声の主の怪物退治が命じされたのである。頼政が、先祖より受け継いだ弓で南無八幡大菩薩と祈願しながら矢を射ると、見事に命中し、怪物は退治された。そして、天皇の体調も回復し、天皇は頼政に褒美として「獅子王」という刀を与えたのである。

このとき落ちてきた怪物が、頭が猿、胴が狸、手足が虎、尾が蛇の鵺だったと言い伝えられている。

複数の生き物が合成してできた生物は、「キメラ」と呼ばれる。

キメラという名前は、ギリシャ神話に登場する化け物「キマイラ」に由来している。キマイラの姿は、頭はライオン、胴は山羊、尾は蛇と記されている。

たとえば、人間と魚の合成でも、半魚人のような人間と魚が混ざりあった雑種のような合成と、上半身が人間で、下半身が魚の人魚のような混ざり合わない合成がある。この人魚のような合成がキメラである。

キメラは植物ではよく観察される。たとえば、別の植物どうしを接ぎ木してつなぎ合わせると、つなぎ合わせた合成される部分では、別の植物どうしの細胞が混合して見られる。この部分はキメラと呼ばれる。

ただ一般に、動物ではキメラは作出することができない。ウズラやマウスのような実験動物の胚を融合させることで、細胞が融合したキメラを作出することはできる。しかし、頭が猿で胴が狸のような生物は、現在の科学ではとても作ることができない。

本当に、鵺のような、キメラが実在したのだろうか？

正体

源頼政の祖先は、土蜘蛛や酒呑童子（しゅてんどうじ）を討伐した源頼光（みなもとのよりみつ）である。

いわば、源頼政は、モンスター退治のエリート家系として鵺退治を依頼されたのである。

それにしても、「頭が猿で胴が狸、手足が虎、尾が蛇」などという生き物が本当に存在するのだろうか。

私たちもよくわからないものを説明するときに、よくわかるものを組み合わせて説明することがある。

たとえば、人の顔を説明するときに、目は誰々に似ていて、口元は誰々に似ているという言い方をする。初めて食べた料理を説明するときも、食感は○○で、味は○○、という言い方をする。未知のものを説明しようと思えば、知っているものを組み合わせて説明するしかないのだ。

「立てば芍薬（しゃくやく）、座れば牡丹、歩く姿は百合の花」は美人の形容である。しかし、もし、これが本当なら、まるで鵺と同じ化け物ではないか。

ただし、鵺の正体は、動物ではなく、トラツグミという鳥であると言われている。

トラツグミは体長三〇センチメートルほどの大きさの鳥である。さほど大きな鳥ではないが、夜の中でヒョーヒョーと不気味に鳴く。

トラツグミは森の中に棲むが、天皇の住まう御所に棲みついてしまったのだろう。そして、天皇は聞き慣れないトラツグミの鳴き声に恐れおののいたのである。

そういえば、「鵺」の漢字はとりへんに夜と書く。

だとすると、鵺の正体は、鳥だと知っていたのではないか！

じつは、「ぬえ」は、この妖怪の名前ではない。ぬえとはもともと鳥の名前なのだ。

実際に、『平家物語』に登場する化け物は「ぬえ」とは呼ばれていない。この化け物は、「頭は猿で胴が狸、手足が虎、尾が蛇」である。そして、「鵺のような声で鳴いた」と言われているのだ。

つまり、昔の人はトラツグミのことを「ぬえ」と呼んでいて、化け物の鳴き声はトラツグミに似ていると言われているのである。しかし、この源頼政の事件以降、この化け物が、「ぬえ」と呼ばれるようになったのだ。

じつは「ぬえ」という言葉自体が、正体のわからないものという意味なのだ。

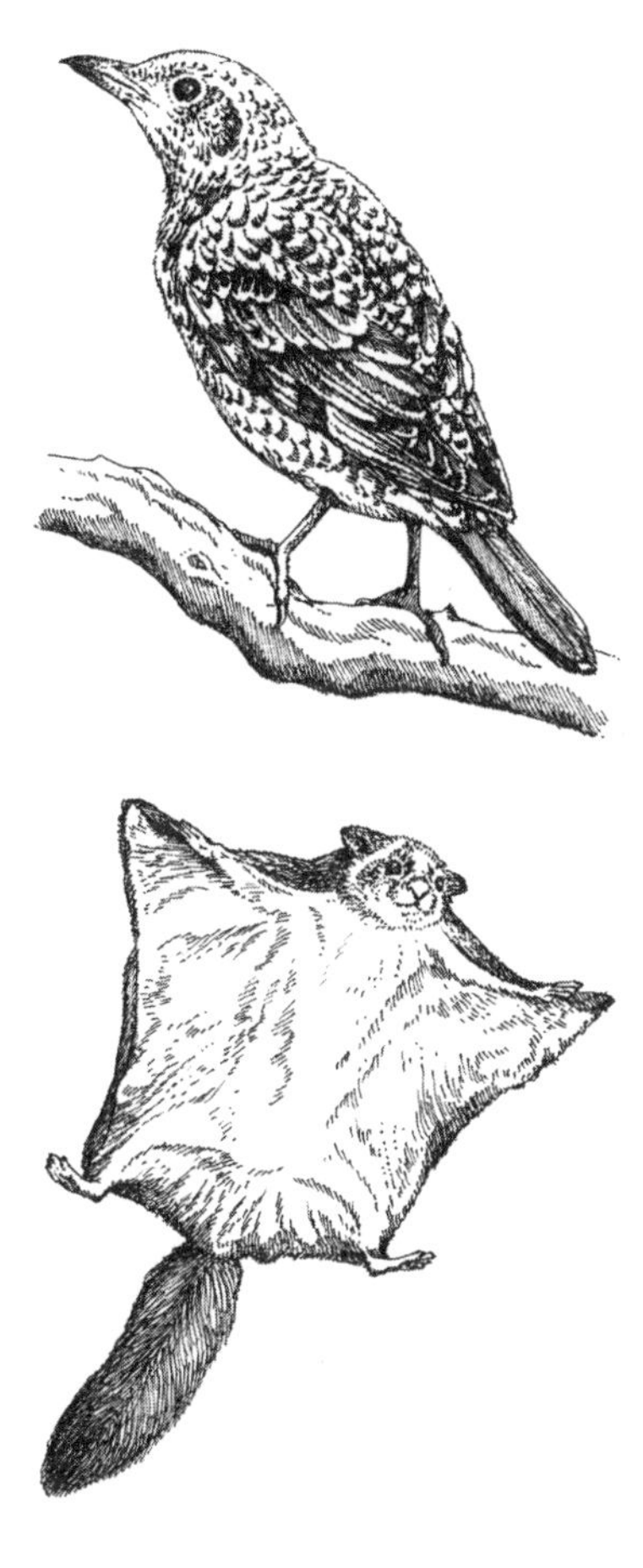

上：トラツグミ　下：ムササビ

現在でも、「ぬえ」という言葉は、「政界のぬえ」などと言うように、得体の知れないはっきりしないものに使う。

しかし、鵺は矢が命中して落ちてきたという。そして、落ちてきたその姿が、頭が猿、胴が狸、手足が虎、尾が蛇の化け物だったのである。まさか、小さな鳥をモンスターだったと吹聴したのだろうか。

江戸時代の儒学者である朝川善庵（あさかわぜんあん）は、この鵺の正体はムササビではないかと推察している。

ムササビはリスの仲間だが、体長は大きいものでは五〇センチほどにもなる大型の動物で、滑空するために飛膜を広げれば、座布団ほどになるというから、なかなかの大きさだ。

そして、深夜になると活動を始め、営巣している場所から、滑空して移動するのである。その距離は一〇〇メートルを超えることもあるという。

ムササビは頭が猿のように丸く、姿は狸に似ている。そして、木を登るために鋭い爪がある。その手足は虎のようだ。そして、滑空するときにバランスを取るために、三〇〜四〇センチもの長い尾を持っている。尾の長さをたとえようとすれば、「尾が蛇」となるかもしれない。

昔の人たちにとっては陽が暮れれば、それはもう夜であった。ましてや深夜に活動するトラツグミやムササビを昔の人が目にすることはない。人々がトラツグミやムササビを得体の知れないものとして恐れたのも無理のない話なのだ。

雷獣
Raiju

紹介

一説によると、源頼政に退治されたと『平家物語』で記された鵺の正体は、「雷獣」であるとも言われている。

雷獣ははるか上空の雲の上に棲む生物であるため、人々が目にすることはできない。そして、雷獣が空を駆け抜けると、天に雷光が走るとされていた。

そして、雷とともに地上に落ちると、樹木を裂き、地面に大きな穴を空けるのである。

正体

雷獣は、別名を「千年いたち」や「千年もぐら」と呼ばれている。

雷が落ちた跡に地上に空く大きな穴は、この雷獣が開けたものだとされているのである。

じつは、雷が落ちた跡に、雷獣の死骸が見つかることがある。ときには生け捕りにされたことさえある。雷が落ちた木に棲んでいた動物が死骸となって見つかったり、半死半生の状態で発見されたりするのである。そのため、人々は雷獣の正体を目にすることがあったのだ。中には雷獣を煮て食べたという話も伝えられている。

雷獣は小型の犬に似ているとも、狐の子どもや猫に似ているとも言われている。

古くから雷獣の正体とされているのが、イタチ科のテンである。

あるいは、落雷に驚いて木から落ちたモモンガやムササビを見間違えたという説もある。モ

ハクビシン

モンガやムササビは夜行性なので、昔の人もこれらの動物は目にする機会が少なかったのである。

最近では、雷獣の正体はジャコウネコ科のハクビシンではないかと言われている。

雷獣の正体とされるテンは、深い森の中に暮らしているため、人々の目に付きやすい里や町で目撃されたのは、人里近くに棲むハクビシンの方がふさわしいとされているのだ。

ハクビシンは、現在の東京の街中にも生息するような大胆な動物だ。夜のネオン街の行き交う人々の頭の上で、電線の上を伝って歩いていることもある。しかし、東京の人々がハクビシンに気がつくことはない。ハクビシンはそういう存在だ。

昔の人であっても、ハクビシンの姿を目にすることは少なかっただろう。

じつは、ハクビシンの来歴はわかっていない。明治以前に日本に持ち込まれた外来生物であると考えられているが、はっきりしないのだ。

管狐（くだぎつね）

Kuda-gitsune

紹介

「管狐」は、修験者（しゅげんしゃ）や霊能者が操る動物である。

管狐は、別名を「飯綱（いいづな）」という。修験行者が狐を操る呪法である「飯綱の法」から、そう名付けられているのだ。

そして、管狐を自在に操る者は「飯綱使い」と呼ばれた。

管狐は、管に入るほど小さいことから名付けられた名前である。管狐は小さな竹筒に入れて持ち運びされる。そして、使い魔や式神のように飯綱使いの手先となって意のままに働くのだ。もちろん、単なる使役だけではない。小さな動物だが、人に取り憑いて、祟り殺す力を持つというから恐ろしい。

昔はそんな生き物と、恐ろしい術が存在すると信じられていたのだ。

正体

管狐の別名を「飯綱」と言ったが、その名のまま、「イイズナ」という動物がいる。イタチ科のイイズナ（別名をコエゾイタチ）がそれである。

イイズナは、北海道や東北に分布している。ネズミほどの大きさしかなく、世界一小さい肉食動物と呼ばれているほどだ。

イタチ科のオコジョもまた、管狐と呼ばれていた。オコジョは北海道から東北、中部地方の

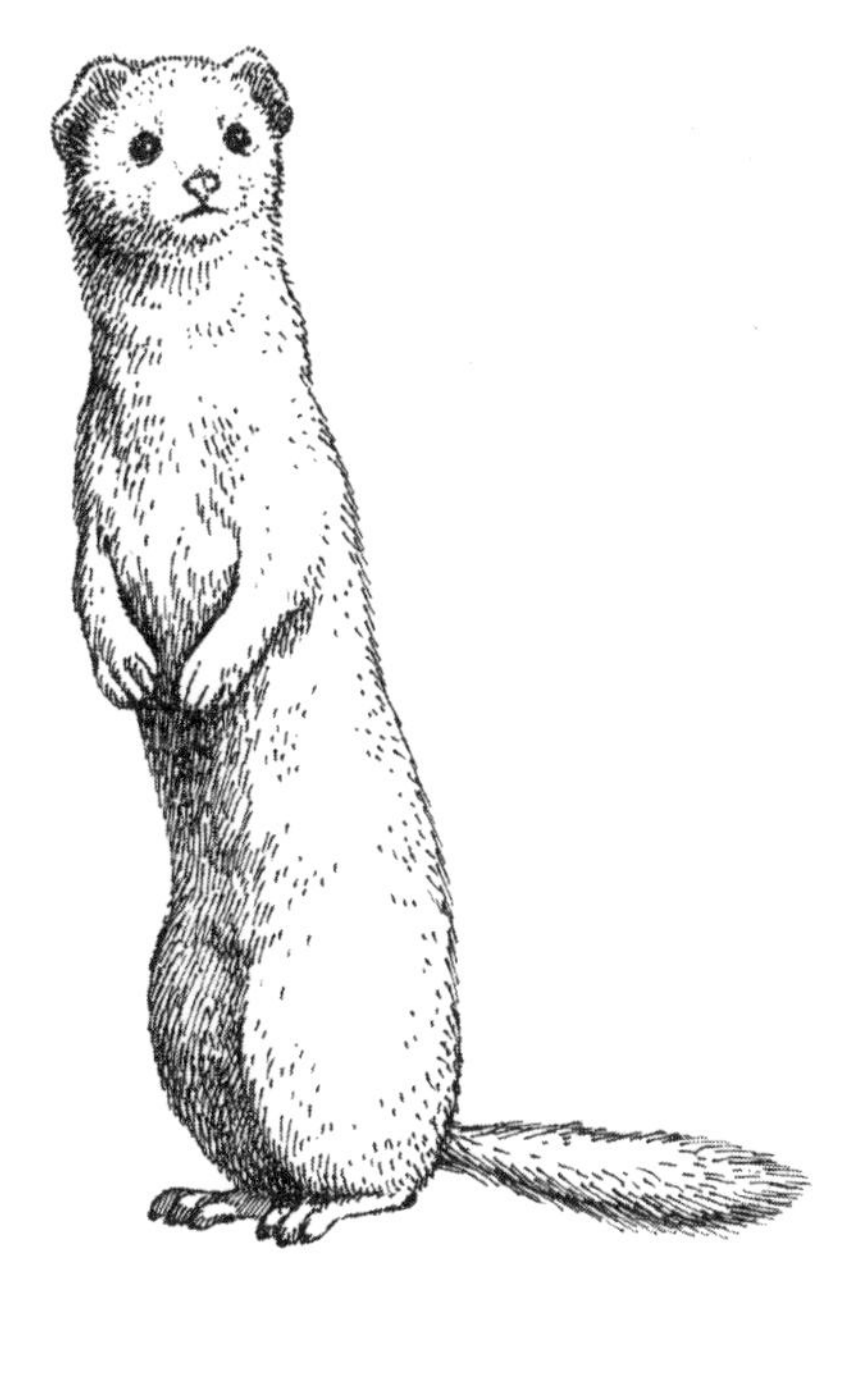

イイズナ

山岳地帯に生息している。オコジョもイイズナと同じように小さなイタチだ。

このイイズナやオコジョが、管狐と呼ばれる妖怪の正体とされる。

動物には、寒い地域ほど体が大きくなる「ベルグマンの法則」と呼ばれるものがある。たとえば、日本の本州にいるツキノワグマよりも、北海道のヒグマの方が体が大きく、北極圏に棲むホッキョクグマはさらに体が大きい。これは体が大きい方が、体重あたりの表面積が少なくなり、体温を保つのに有利だからである。

しかし、寒い地域に棲むイイズナやオコジョは、イタチよりも体が小さい。これは穴の中に隠れたり、少ない獲物で冬を乗り越えるために有利なのだろう。

人々は、イタチは見たことがあるかもしれないが、北方や山岳地帯に棲む小さなイイズナやオコジョは知らない。小さなイタチを見て驚かされることがあったのかもしれない。イタチでさえ俊敏なのだから、小さなイタチはどれだけ俊敏に走ることだろう。そして、人々はその体の大きさから、管狐が、竹筒の中に入っていると信じたのかもしれない。

ただし実際に、イイズナを操る「飯綱使い」がいたという話もある。

イイズナは、体が小さく俊敏でどんなところにも忍び込むことができる。そのため、その昔、戦のときに敵陣に火を放つときに用いられたとも言われているのである。

かまいたち
Kama-itachi

紹介

突然、刃物で切られたように手や足の皮膚に傷口が開いている。不思議なことに痛みもなく、血も出ない。

これは、「かまいたち」という妖怪の仕業によるものとされている。

一説には、逃げ出した管狐（35ページ）が旋風に乗って、人の生き血を吸うのだとも言われている。

じつは、かまいたちの正体は古くから解明されている。

明治時代に西洋の科学が日本に持ち込まれると、妖怪や物の怪の類いは、すべて迷信だとされて、科学的に説明しようとされたのだ。

かまいたちの説明は、こうである。

強いつむじ風が起こると、旋風の中心に真空状態ができる。この真空に触れることで皮膚が切り裂かれるというのである。

現在でもかまいたちの現象は、このように説明されることが多い。

しかし、風が吹いただけで真空状態になることなど、本当にあるのだろうか。

まさか、本当に目に見えないイタチの仕業なのではないだろうか。

正体

文明開化の明治時代に、江戸時代のさまざまな迷信を西洋の科学で説明する試みが行なわれ

イタチ

た。このとき、「かまいたち」とは、旋風の中心に出来る真空によって皮膚が切れる現象と説明されたのである。

しかし、風が吹くことで発生する真空状態や気圧差だけで人間の皮膚が切れるということは考えにくい。そのため、現在では、皮膚表面が冷えることによって裂けたり、また、強風によって高速で飛んできた小さな木片や砂粒が皮膚を切り裂くのではないかと考えられている。

しかし昔の人たちは、この未知の現象をイタチの仕業と考えた。

イタチは、イヌやネコなどの動物と比べても、俊敏で足が速い。体が細長いので、体を伸ばして走る姿は、なおさらすばやく見える。

そうかと思うと、周囲を警戒するときには、後ろ足だけで立って、あたりのようすをうかがっている。人間がいれば、警戒して人間をじっと見ている。イタチに見つめられると、まるで、心の奥底まで読み取られているような気になる。そのため、イタチもタヌキやキツネと同じように人を化かすと言われていた。

しかも、イタチは現在でも神出鬼没である。

すき間のないはずの屋根裏に忍び込んで棲みついたり、獣害対策を施した養鶏場にどこからともなく侵入してニワトリを襲うことも難しいことではない。

そんな動物だからこそ、正体不明の現象が、イタチの仕業とされたのである。

化け狸
Bake-danuki

紹介

「狸」は人を化かすと言われている。

実際、狸に化かされたという昔話は多い。

葉っぱを頭に乗せて人の姿に化けるとか、お金だと思ったら葉っぱだったとか、タヌキにだまされて、こえだめに入っていたとか、馬の尻の穴を覗いていたとか、さまざまな伝説がある。

本書は、妖怪やモンスターたちの正体を暴こうとしているが、そもそも昔から人々の間では、ありとあらゆる妖怪の正体は、じつはタヌキが化けたものだとも言われている。

もし、それでつじつまが合うとすれば、すべての妖怪の正体は、すでに判明したことになってしまう。

狸は本当に、人を化かすのだろうか。

正体

かつてタヌキは恐ろしい化け物であった。

昔話の『かちかち山』の前半部分では、狸は、おばあさんを殺したあげく、あろうことかおじいさんにおばあさんの肉で作った「婆汁」を飲ませる。残酷で恐ろしい存在なのだ。

もともと「狸」は、タヌキを表す字ではなく、中国では中型の哺乳類を意味する漢字で、特に毛並みに筋目模様のあるヤマネコを指していた。しかし、日本ではヤマネコはいなかったの

タヌキ

で、「狸」という字がタヌキに当てられたのである。

恐ろしい「狸」のイメージは、中国から伝えられたヤマネコのものである。しかし、江戸時代頃になると、やがてタヌキは大きなお腹と陰嚢を持つユーモラスな存在として描かれるようになってきた。

昔話の『かちかち山』の後半部分では、ウサギにだまされてばかりの間抜けな姿で描かれるが、これが江戸時代以降のイメージである。じつは『かちかち山』は古い話にエピソードが付け加えられたために、前半部分と後半部分では異なるイメージのタヌキが描かれているのである。

タヌキが、妖怪の正体であると言われるようになったのは、江戸時代以降のことである。

もともと、タヌキは山の中に棲んでいたが、戦国時代から江戸時代にかけて木材の需要が急増すると、各地で山の木が切られるようになった。すると森を追い立てられたタヌキが、次第に里に下りてきて棲みつくようになったと考えられている。そのタヌキはやがて江戸の町にも棲みつくようになった。そして、人々の目につくようになったのである。

タヌキは雑食性で、環境適応性が大きい。現代でもタヌキは東京の街中さえも生息地としている。

それにしても、タヌキは本当に人を化かすのだろうか。

「化ける」とまでは言えないが、実際に人をだますことがある。

猟師がタヌキを鉄砲で撃ったときに、実際には弾が当たっていないのに、銃声に驚いて倒れてしまうのである。そして、てっきり弾が当たったと思った猟師がタヌキを持ち去ろうとすると、息を吹き返したタヌキが逃げてしまうのだ。

これがいわゆる「まんまとタヌキに化かされた」である。

これは、意図的に死んだふりをしているわけではなく、ショックで気絶してしまうらしい。タヌキにしてみれば、けっしてだましているつもりはないのだから、「化かした」と言われるのは心外かもしれないが、結果的にタヌキは助かり、命からがら逃げ出すことができるのである。

いずれにしても、こうしてタヌキに化かされた話が、人から人へと伝わっていくうちに、「タヌキが化ける」というイメージが定着していったのかもしれない。

ちなみに、寝たふりをすることを「たぬき寝入り」と言うのも、このタヌキの行動に由来しているという。

タヌキは、現在では都市部や住宅地などにも出没するが、路上で車に出くわすと、驚いて路上に倒れてしまう。残念ながら現在では、そうやって車に轢(ひ)かれるタヌキが後を絶たないのだ。

貉（むじな）
Mujina

紹介

小泉八雲（ラフカディオ・ハーン）の怪談に『貉（MUJINA）』がある。

東京の紀国坂の辺りは、夜暗くなると寂しい場所で、貉が出るとされていた。

ある商人が、ある晩おそく紀国坂を急いで登って行くと、かがんで、ひどく泣いている女がいた。商人は、女に近寄って声をかけた。しかし、女は泣くばかりである。すると、女は振り向いて、手で自分の顔をなでると、その顔には目も鼻も口もない。驚いた商人は、一目散に逃げ出した。

すると道ばたに店を出していた屋台の蕎麦屋が声を掛けた。

「どうかしましたか」

「見たのだ……女を」

おじけながら喘ぐ商人に、蕎麦屋は言った。

「それは、こんな顔だったかい」

蕎麦屋が自分の顔を撫でると、その顔は目も鼻もない卵のようだった。……そして同時に屋台の灯火は消えてしまった。

これが、貉が化けたものだと伝えられているのである。

正体

狢はアナグマの別名とされている。

しかし、地域によっては、「むじな」はタヌキの別名とするところもある。

タヌキはイヌ科の動物である。一方、アナグマはイタチ科の動物であり、まったく別の動物である。

すでに45ページで紹介したように、中国では「狸」はヤマネコを意味していた。そして、「貉」がタヌキを意味する漢字だったのである。

タヌキとアナグマは見た目がよく似ているので、もともと混同されていた。

タヌキとアナグマを総称して、狢と呼ぶ場合もあれば、総称して狸と呼ぶこともあった。タヌキとアナグマとは明確に区別はされていなかったのである。また地方によっては、タヌキのことを狢と呼び、アナグマのことを狸と呼ぶことまであったというから、ややこしい。

それどころか、もともとは、タヌキとアナグマばかりか、イタチやテンなども含めて「狢」と称していたらしい。もっとも、動物園ではあるまいし、野生動物は人間の気配を察知すれば逃げてしまうから、野生動物の正体をしっかりと目撃することは少ない。そのため、山野で遭遇する得体の知れない動物たちを「貉」と称していたのであろう。

ちなみに、日本には「同じ穴の狢」ということわざがある。

アナグマはその名のとおり、地中に巣穴を掘って暮らしている。アナグマの巣穴は何世代にもわたって同じ巣穴を利用しながら、新しい穴を掘っていくので、数ヘクタールに及ぶほど巨

アナグマ

大なものだという。

一方のタヌキは、自分で巣穴を掘ることができないので、アナグマの巣穴を拝借していることも多いという。そのため、アナグマの穴をいぶすとアナグマといっしょにタヌキも出てきてしまう。なんでも、これがことわざの「同じ穴の狢」の由来になっているらしい。

また、『かちかち山』の昔話では、たぬき汁が登場するが、タヌキの肉は臭みが強く、とても食べられないものだという。酒で煮たり、生姜を加えるなど、臭みを消さないとならない。

ただし、『かちかち山』では、たぬき汁がいかにもごちそうのように言われているし、実際に、「たぬき汁は美味である。」という話も多い。

じつは、タヌキと混同されていたアナグマの肉は非常に美味であるとされていて、中国やヨーロッパでも古くから食べられていたという。つまり、ごちそうのたぬき汁はタヌキではなく、アナグマの汁だったと考えられるのだ。

団三郎狸（だんざぶろうだぬき）

Danzaburo-danuki

紹介

「化け狸」と呼ばれる狸の中には名のあるものも数多い。

たとえば、四国には三大狸と呼ばれる狸がいる。

阿波には有名な金長狸（きんちょうたぬき）がいる。金長狸は、阿波の狸の総大将の六右衛門狸（ろくえもんだぬき）と合戦を繰り広げる。これが阿波の狸合戦である。

松山に伝わる化け狸の隠神刑部（いぬがみぎょうぶ）は、八百八狸（はっぴゃくやだぬき）の頭領と呼ばれている。

隠神刑部は松山城城主のお家騒動に加担し、その結果、封じ込められたとも伝えられている。

また、香川県の屋島には、平家を守護した狸の子孫である太三郎狸（たさぶろうたぬき）が知られている。太三郎狸は屋島寺の守護神であり、四国の狸の総大将にまで上り詰めたという。

名高い化け狸と言えば、佐渡島（さどがしま）の「団三郎狸」を忘れるわけにはいかないだろう。

団三郎狸は、佐渡の狸の総大将で、さまざまな妖術で人をかどわかした。

一説には佐渡島に狐が住まないのは、化かし合いの知恵比べで、狐が団三郎狸に敗れたためだと伝えられている。

実際に、佐渡島に狐は分布していない。

団三郎狸は、住まいも佐渡島の相川町下戸（おりと）村にあったとはっきりしている。そして、その逸話も伝説というには、具体的ではっきりとしているものも多いのだ。

団三郎狸は実在した。団三郎狸の逸話を聞いていると、そう思わざるをえないのだ。

正体

それにしても、佐渡島に狐がいないのは、どうしてだろう。

じつは、佐渡島だけでなく、狐がいない島は多い。

もともと、地理的に離れた島には、哺乳動物の生息は少ない。たとえば、猿が自然分布する島は、日本では屋久島、淡路島、小豆島（しょうどしま）だけだし、イノシシも淡路島や南西諸島に見られるだけである。

また、佐渡島には狐だけでなく、猿もイノシシもいない。

佐渡では名を馳せている狸にしてみても、奥尻島や隠岐島（おきのしま）、壱岐（いき）、天草諸島、淡路島、小豆島などの島々に分布が見られるが、南西諸島や五島列島、対馬（つしま）、伊豆七島、利尻島、礼文島（れぶんとう）など、狸の分布が見られない島も多い。

しかし、離島における狐の分布は、狸と比べると極端に少ない。狐が分布する離島は、わずかに利尻島と五島列島くらいである。

これは、狐と狸の食べ物が影響している。狸は雑食性で何でも食べるから、縄張りを必要としない。東京の都心などでも狸が棲みつくのはそのためだ。

一方、狐は肉食である。もちろん、狐が子孫を残していくためには、一頭だけではなく、まとまった数の狐が棲みつく必要がある。そのため、面積が限られた島で、狐が存続していくことは難しいのである。

それにしても、団三郎狸の正体とは、いったい何なのだろう。

出世を競い、化かし合い、しまいには血を流して争い合う。

化け狸の伝説に登場する狸は、どれも、いかにも人間くさい。

「狸おやじ」というように、ずる賢い男は狸にたとえられるが、お天道さまの当たらない裏社会に暗躍するような胡散臭い人々が、狸と呼ばれたのだろう。

特に京の都や江戸から遠く離れた離島では、本土とは異なる権力集団が横行していたのかもしれない。

団三郎狸には小岩の小三郎や浮島池の四郎という分家がいたというし、東光寺（とうこうじ）の禅達（ぜんたつ）、湖鏡庵（こきょうあん）の財喜坊（ざいきぼう）、大杉明神（おおすぎみょうじん）の寒戸（さぶと）など各地に子分がいたという。まさに、やくざの親分さながらだ。

しかも、団三郎は人間の商人を相手に金貸しをしていたり、選挙を応援したとも伝えられている。妖怪変化の化け狸にしては、あまりに俗っぽい。

一説には、団三郎狸の「団三郎」の名は、タヌキの皮を商う越後の商人の名だったとも噂されている。つまり、皮肉なことに大物タヌキの本当の正体は、タヌキ狩り集団の親分だったのかもしれないのだ。

さらに、団三郎狸がねぐらとする佐渡島や、有名な金長狸が棲みつく阿波は、大きな金山があったことが知られている。じつは、金山は狸と深い関わりがあるのだ。

金山では、金を溶融するために風を送るフイゴを必要とする。このフイゴの材料がタヌキだったのだ。金山では、フイゴの材料とするために狸が持ち込まれて飼育されることもあったという。一説には、佐渡島にも狐と同様に狸が分布していなかったが、佐渡奉行が金山のために狸を持ち込んだとも言われている。

また、金山を手掘りすることを「狸掘り」と言う。

すでに紹介したように、狸は、巣穴を掘るアナグマと混同されることも多かった。また、実際に狸もアナグマの巣穴に同居していることから、狸は穴の中にいるイメージが強かったのである。

もしかすると、町や村から離れた山中で穴を掘って暮らす人々は、狸と呼ばれたのかもしれない。そして、団三郎狸は、そんな狸たちの大将だった可能性もある。

豆狸

Mame-danuki

紹介

狸は金玉が大きいというイメージがある。有名な信楽焼き(しがらきや)の狸も大きな金玉をぶらさげている。

俗に「狸の金玉八畳敷き」と言われる。

狸の金玉を伸ばすと、八畳の広さがあるというのだ。

有名なのが、陰嚢使いとして知られる「豆狸」である。

江戸時代の書物には、豆狸は「ふつうの狸とは違うものである」と記されている。そして、ふつうの狸よりも知恵があり、陰嚢に息を吹きかけることで、大きく広げて部屋を作り上げたり、陰嚢をかぶることでさまざまな姿に化けることができるという。

ところが実際には、タヌキの金玉は小さく、人間の小指の先程度しかないという。

むしろ、哺乳類の中でも小さい方なのだ。それなのに、どうして狸の金玉は大きいと揶揄されているのだろう。そして、八畳敷きとは、あまりにも大袈裟すぎやしないだろうか。

正体

かつて山中に潜む野生の動物たちは、人間にとって畏怖を感じさせる存在であった。あるものは、その畏怖心から神として祭られた。オオカミは山の神とされているし、キツネやシカは、神社の神の使いである。

また、そうでないものは、妖怪や化け物として、人々に恐れられた。

昔の人々にとって、姿も見せずに、暗闇を暗躍する野生動物は、恐ろしい存在だったのである。

狸もかつては恐ろしい妖怪であった。しかし、江戸時代になると、狸のイメージは、酒好きで陽気でユーモラスなキャラクターとして人々に親しまれるようになる。金玉が大きいというのも、いかにも狸らしい話だ。

かつては山中の生き物であった狸も、山から里へとその生活圏を移すようになり、江戸の市中でも見かけるような身近な動物になっていた。そのため、人々は親しみを感じるようになっていったのである。

しかし、狸も野生動物であるから、得体の知れない部分もある。人々は狸に親しみを持ちながらも、妖怪として怪しむことは忘れなかった。

そして、酒に酔ったりして正気を失えば、化かされたと狸のせいにしたのである。

狸の大きな金玉は、狸が座ったときに、フサフサの大きなしっぽが股の間からおなか側へはみ出して見えるようすが、金玉に見間違えられたとも言われている。確かに、大きなしっぽは金玉に見えなくもない。これもタヌキの金玉が大きくなった理由のひとつだろう。

ただし、タヌキの金玉は延ばすと八畳敷きの大きさがあると言われている。いくら大きいとはいえ、さすがに八畳は広すぎないだろうか。

これは金箔作りに由来しているのではないかと考えられている。

じつは、タヌキの皮は耐久性に優れているため、金箔を作るときに利用したのだ。タヌキの皮に金の玉一匁（もんめ）を包んで槌で打ち延ばすと八畳もの広さの金箔ができたという。つまり、「狸の金玉八畳敷」は「狸皮の金玉が八畳敷に広がる」のではなく、「狸皮で金玉が八畳敷に広がる」という意味だったのである。

また、すでに紹介したように、金山では狸の皮を原料にしたフイゴが使われたが、同じように狸の皮のフイゴを使った職業に製鉄がある。鉄を作るためのたたらでは、鉄を溶かすためにフイゴで強い風を送る必要があったのだ。この製鉄に携わる人々が職業病としていたものに睾丸が肥大する「陰嚢水腫」という病気がある。この病気の原因は不明だが、昔は製鉄に携わる人々に多かったという。

他にも陰嚢象皮病という寄生虫を原因とする奇病もあった。

満足な治療法のない時代である。場合によっては、肥大化した睾丸は何十キロの重さになることさえあったという。

こうした病気になった人々は、仕事ができないので、人里を離れた村外れに住み、その睾丸を見世物にして生計を立てることもあったという。

もしかすると、それらの人々の存在もまた、金玉の大きいタヌキのイメージを広めていったのかもしれない。

妖狐（ようこ）

Youko

紹介

狸と同じように化ける動物として有名なものが、「狐」である。狐もまた人に化けたり、人を化かすと言われている。

ただし、狸がユーモラスなイメージがあるのに対して、狐はどこか怪しい。また、細面で美しい女性に化けるというイメージもある。

狸と狐が化かし合うような話もあるが、何となく狐の方が狸よりも抜け目がない感じがする。どうして、狐は人を化かすと言われているのだろう。

正体

キツネはどこか神秘的な雰囲気を持つ動物である。毛色が美しく、姿かたちも優美である。しかも、動きも敏捷で、しなやかだ。キツネが女性に化けるイメージが強いのは、ごく自然なことだろう。

雑食性のタヌキは民家などの身近に姿を現すのに対して、キツネを見る機会は少ない。

しかも、タヌキが縄張りを持たないのに対して、キツネは広い縄張りを持つ。そのため、人がキツネを目にする機会は少ないのだ。

また、キツネは、人間を見つけても逃げようとはせずに、じっとこちらのようすをうかがっている。

キツネ

人間が近づくと、距離を保つように少し逃げては、また立ち止まってこちらのようすを見つめている。縄張りを持つキツネは、侵入してきた人間が縄張りから立ち去るまで、警戒しているのである。

しかし、人間からしてみると、何かキツネに誘われているような気になる。昔話にも、キツネに道案内される話が多いのは、このせいなのだろう。

実際には、キツネが人をだますことはないかもしれないが、キツネが狩りをするときには、獲物をだますことがある。

たとえば、キツネが行う狩りの方法に「チャーミング」と呼ばれるものがある。

獲物を見つけたキツネは、獲物が逃げ出さないほどの距離で、苦しそうに転げまわるのだ。そのキツネの演技に魅せられて好奇心を起こした獲物は逃げることも忘れてしまう。そして、激しく転げまわりながら、キツネは少しずつ近づき、獲物の不意をついて襲いかかるのである。まさに魔性の演技、恐るべき騙しのテクニックである。

また、利口なキツネは水鳥などを狩るときに、水草や雑草などを体にまとって、カムフラージュして近づくこともあるという。キツネが美女に化けるときに川の藻を頭にかぶるというのも、こんなキツネの習性から来ているのだろう。

また、キツネが人を化かすときに、狐火という怪火が出現するとされている。狐火は、人魂とも呼ばれる現象だ。
これは、リンの自然発火現象ではないか、と考えられている。

昔の墓場は土葬だったために、死体が分解されて発生したリン化合物が自然発火したというのである。また、キツネは墓を荒らして死体を食べたから、キツネがくわえた人骨のリン化合物が発光していた可能性もあるという。

ちなみに、狐火がいくつも連なったものを「狐の嫁入り」というが、これは、けもの道の糞が分解されたリン化合物が原因であると考えられているらしい。

べとべとさん

Betobeto-san

紹介

暗い夜道を歩いていると、「べとっべとっ」と後ろから濡れたような足音がついてくる。

立ち止まって振り返って見ても、何もいない。再び歩き出すと、また「べとっべとっ」と足音だけが聞こえる。

「べとべとさん」は足音をさせるだけで、人に危害を加えることはないと言われている。しかし、後ろからついてくるのは、気味のよいものではない。「べとべとさん、お先にお越し」と道を譲れば、べとべとさんは離れるという。

この奇妙な妖怪に、正体となる生き物などあるのだろうか。

正体

誰も、べとべとさんの姿を見た人はいない。べとべとさんは、音だけの妖怪である。

べとべとさんは、山から下りてくるときに、よく出くわすとも言われている。

これの正体として考えられるのが、オオカミである。

「送り狼」という言葉がある。

現代では、「送り狼」というと女性を家まで送っていって乱暴を働くような悪い男を意味するが、もともとはオオカミが山道を送ってくれることを言う。しかも実際のオオカミは、人を襲うことも、乱暴することもなく、行儀よく人を送ってくれたのである。

オオカミを神の使いとして祭る埼玉県の三峯神社では、参拝の帰り道をオオカミが守ってくれることになっていたという。そして、参拝者は、一の鳥居付近で礼を言ってオオカミに帰ってもらったのだという。

また、山道をオオカミが送ってくれたという類いの話は各地で残っている。これが「送り狼」なのである。

昔話として語り継がれることの多い送り狼だが、このような現象は実際にあると考えられている。

オオカミは、自分の縄張りの中を人間が通ると、後をついて縄張りの外に出るまで監視する「送り行動」の習性があるのだ。これは、人を襲うためではなく、自分の家族の安全を守るためだったから、もちろん人間に危害を加えることはない。人々は、オオカミの「送り行動」を親切で送ってくれているものと勘違いしていたのである。

しかし、夜道となれば、オオカミの姿は見えない。ただ、ヒタヒタと足音だけがついてくる。これがべとべとさんの正体であると考えられているのである。

残念ながら、日本に生息していたニホンオオカミは、今や絶滅してしまった。山でべとべとさんに会うことは、もう永遠に叶わなくなってしまったのである。

オオカミ

子泣きじじい

Konaki-jiji

紹介

夜の山道を歩いていると、山中から赤ん坊の泣く声がする。

声のする方へ行ってみると、道端で赤ん坊が泣いている。こんな深い山の中で捨て子かと思い、抱き上げてよく見ると、その顔はしわだらけで老人のようである。驚いて、手放そうとしても、赤ん坊はしがみついて離れない。やがて赤ん坊は石のように重くなり、ついには命を奪ってしまうと言われている。

そのユーモラスな姿とは異なり、「子泣きじじい」は何とも恐ろしい妖怪なのだ。

正体

民俗学の父と呼ばれる柳田国男は、調査を行なった結果、子泣きじじいの伝説を創作であると結論づけている。

一説によると、赤ん坊のような奇声を上げながら徘徊する老人の話が伝えられており、その実話が元になって子泣きじじいの伝説が作られたとも言われている。

子泣きじじいは徳島県の山間地に伝わる伝説であるが、山中から赤ん坊の声が聞こえるという怪異は、四国の各地で言い伝えられている。

年寄りのような姿や石のような重さは創作としても、赤ん坊の声はどうやら本当らしい。じつは、子泣きじじいもまた、姿を見せない音だけの妖怪なのだ。

赤ん坊のような声を出す生き物はいくつかある。

たとえば、恋の季節である春の夜になると、ネコたちは甘い声で鳴く。この鳴き声は赤ちゃんの声に似ている。

あるいは、カラスは人間の声を真似て鳴くことがある。赤ん坊の泣き声のように鳴くこともあるだろう。

また、アオサギの声はオギャーと泣く赤ん坊の声に似ている。鳥は、夜には行動しないという一般的なイメージがあるから、まさか夜に鳥が鳴くとは考えにくいのだ。

アオサギは昼行性だが、繁殖期には大量の餌を食べるために夜にも行動する。姿が見えずアオサギの声だけが暗闇に響くと不気味な感じがすることだろう。

夜行性のフクロウの仲間のコミミズクの地鳴きは赤ん坊や幼い子どもの声のようにも聞こえる。また、フクロウも親は「ホーホー」と鳴くが、ひな鳥たちが親鳥にエサをねだる餌鳴き(えなき)は赤ん坊の声のようにも聞こえる。

実際に、青森県に伝わる「たたりもっけ」という妖怪は、赤ん坊の声のように鳴くフクロウの姿をした妖怪である。また、祟りを持つ嬰児の霊は、フクロウの声で鳴くとも言われている。

森に棲むトラツグミも夜に鳴く鳥である。これは小さい鳥だが、その声は大きく響き渡る。暗闇に聞こえるトラツグミの声は不気味なので、さまざまな妖怪の伝説を生んできた。28ペー

アオサギ

ジで紹介したように、怪物として恐れられた鵺の正体も、このトラツグミである。トラツグミは笛のような高い声で鳴くが、幼子の声にも聞こえるし、人を呼び寄せているようにも聞こえる。険しい山と深い谷が続く四国の山中でこの声が響き渡れば、赤ん坊の声のようにも聞こえたかもしれない。

このように、赤ん坊のように鳴く生き物は意外と多い。

赤ん坊の声はかわいらしいものだが、赤ん坊などいるはずのない深い山中で聞こえれば、その声はかえって恐ろしい。暗闇に響き渡る泣き声に、人々は恐れおののいたに違いない。そして、襲われて殺されるかもしれないという恐怖を抱いたのだろう。

砂かけばばあ

Sunakake-baba

紹介

『ゲゲゲの鬼太郎』では、主人公の鬼太郎の仲間の妖怪として「砂かけばばあ」が登場する。砂かけばばあは、砂を武器とする。

この砂かけばばあは、奈良県や兵庫県、滋賀県に伝えられる妖怪で、夜道を通る人に砂を振りかけて驚かすと言われている。

この妖怪に、モチーフとなった生物などあるのだろうか。

正体

砂かけばばあの伝説は残されているものの、実際には、この妖怪の正体を見た人はいない。つまり、老婆の姿かどうかは、誰もわからないのだ。

砂かけばばあの正体は狸であるとも言われている。実際に、砂をかける妖怪には、砂かけばばあの他にも「砂狸」や「砂まき狸」と呼ばれる妖怪がいる。夜道を人が通ると、上から砂を撒くというのである。狸が砂を撒く話は、全国各地に伝えられている。これは、砂かけばばあとよく似ている。

ただし、「砂狸」や「砂まき狸」は、狸が人を化かしていたずらしているのだ、という意味であり、実際に狸が木の上から砂を撒くわけではない。狸は木に登ることさえできないのだ。

砂かけばばあの正体は不明であるが、ムササビであるという説がある。

ムササビが飛び立つときにバラバラとフンを撒く。小さな糞ではあるが、木の葉に当たる音が暗闇の中に響けば、突然のことに人は驚かされるだろう。これが砂狸や砂かけばばあになったのではないかと言われているのである。

ムササビは人里近くに棲むが、夜行性であるため、人々が、その姿を目にする機会は少ない。そのため、夜中に活動をして音を立てるムササビは、妖怪と見間違えられることが少なくなかったのである。

野襖（のぶすま）

Nobusuma

紹介

「野襖」は、古くから神出鬼没の妖怪として恐れられていた。

夜道を歩いていると、その妖怪は突然、人の顔に飛びついてくる。そして、風呂敷のような体で顔を塞いで窒息死させると言い伝えられているのだ。

夜道で不意に襲われた人は、ずいぶんと驚いたに違いない。

正体

野襖は、空を飛ぶ動物である。コウモリが妖怪化したものであるとも言われている。

空中を舞うコウモリは、意外に目にする機会が多い。コウモリの名は「川守（かわもり）」に由来するとも言われている。夕方になると、川に発生するカゲロウなどをエサにするためにコウモリが集まってくるのだ。あるいは、蚊を食べることから、「蚊耆り（ほふ）」や「蚊を欲り（ほ）」に由来するとも言われている。虫を食べるコウモリの姿は、人々に目撃されていたのだ。

ただし、野襖の正体はコウモリではない。

野襖は、暗い山中で突然、空を横切る。ひらひらと飛ぶコウモリとは違うのだ。江戸時代の奇談集『梅翁(ばいおう)随筆』には、野襖は「イタチのような姿で左右に羽のようで羽でないものを持つ」と伝えられている。また平田篤胤(あつたね)の『仙境(せんきょう)異聞(いぶん)三之巻』には「イタチのような姿でヒレがあるが、風呂敷のようで節々に爪がある」と記されている。

モモンガ

この特徴は、ムササビやモモンガである。これらの動物は昼間は木の洞に潜んでいる。そして、暗闇を突然、滑空するのだ。夕方に空を飛び回るコウモリが人の目につくのに対して、深夜に活動するムササビやモモンガが人の目に触れることは、ほとんどない。

またムササビは、交尾期のオスはメスを追いかけて人の頭すれすれに飛ぶことがあるという。しかも、滑空に失敗して不時着することもあるというから、人の頭に落ちてくることもあるかもしれない。突然、空から座布団ほどの大きさの生き物が頭に覆いかぶさってくるのだ。その人の驚きようと言ったらなかっただろう。

得体の知れないものに、人は恐怖を感じる。そして、ないものが見えたり、ない音が聞こえたりするのだ。夜中の山中でそれに出会った人は、その恐怖を伝えようと話を誇張する。

そして野襖は、人の生き血を吸うと伝えられた、人に襲い掛かり、人の顔を覆うと伝えられたのだ。

それが恐ろしい妖怪として言い伝えられたのである。

一反木綿（いったんもめん）
Ittan-momen

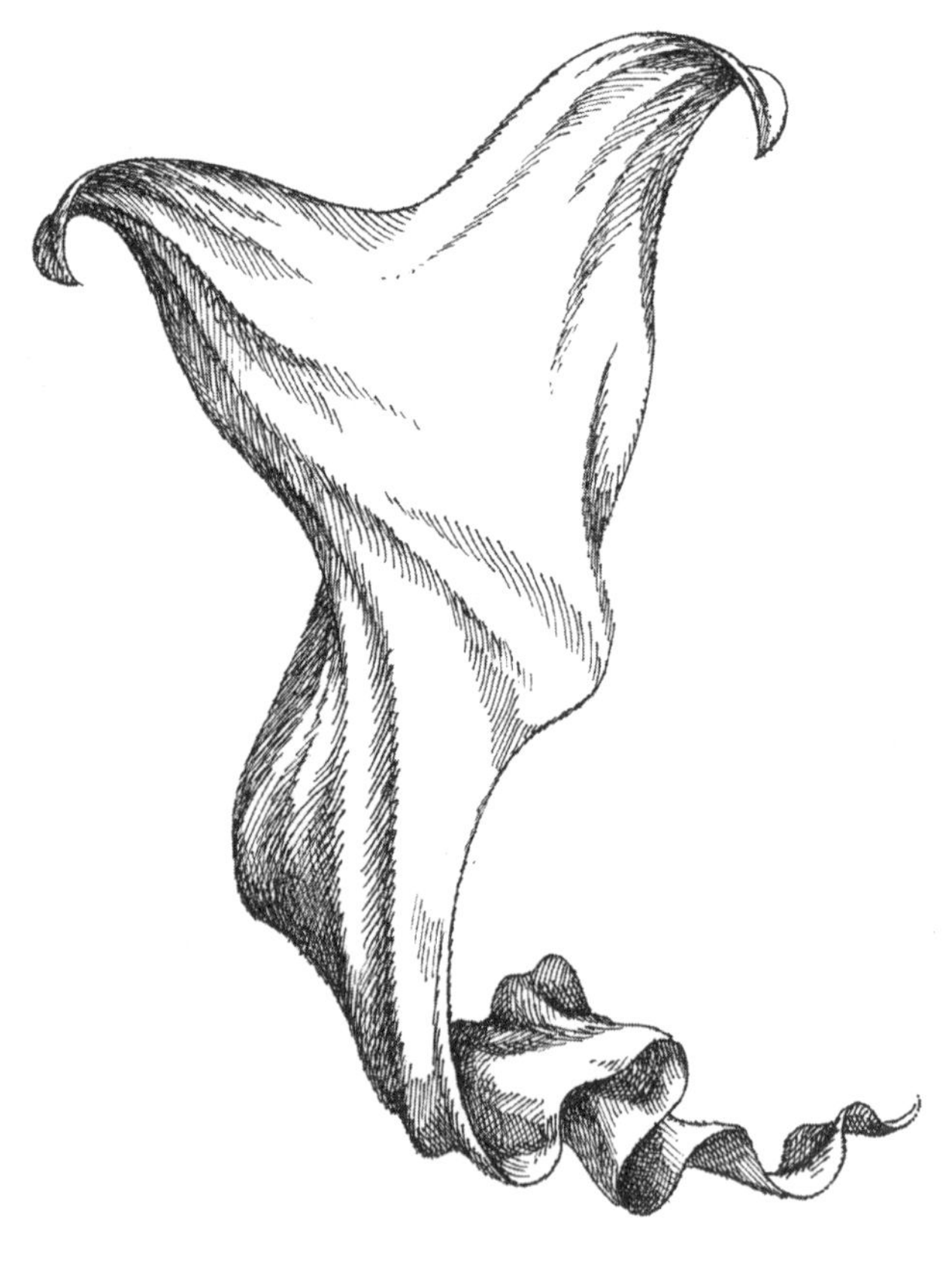

紹介

「一反木綿」は、その名のとおり、木綿の反物のような姿をしている。一反というのは、長さ約一〇・六メートル、幅約三〇センチメートルの大きさである。夜道を歩いていると、一反の白い木綿が飛んでくる。そして、人に襲い掛かって首に巻きついたり、顔を覆ったりして窒息死させるという。

そんな薄い布のような生物など実在するのだろうか。

正体

意外に思えるかもしれないが、一反木綿の正体とされているのはムササビである。しかし、ムササビは白い木綿の布とは似ても似つかないように思える。

じつは、ムササビは膜を広げると、腹側が白い。この白い腹を見せて飛ぶ姿が一反木綿ではないかと言われているのである。もっともムササビは、一反木綿のように細長くはない。

暗いところで、白く明るい物体が動くと、残像が長く残る。この現象は「視覚陽性現象」と呼ばれている。そのため、暗闇の中でムササビが白い腹を見せて滑空する姿が、長い白い布のように見えるというのである。

野襖（80ページ）で紹介したように、ムササビは滑空に失敗して、人の顔に不時着してしまうこともある。それが、一反木綿が人を襲うという伝説になったのだろう。

もし襲われて命を落としていれば、言い伝えとして残ることはない。言い伝えられているということは、一反木綿に襲われたという人が、ムササビを振り払って命からがら逃げ帰ったからなのである。

化け猫
Bake-neko

紹介

長く飼って老いたネコは「化け猫」になると言われている。

化け猫となったネコは、人の言葉を話したり、死人を操ったり、あるいは人間に取り憑いたりするという。

何でも化け猫は、行灯（あんどん）の油を舐めるとも言われている。また、化け猫は遊女に化けることもあるらしい。

どうして、このような伝承があったのだろうか。

正体

ネコはかわいらしいペットだが、イヌと異なり人間にあまりなつかない。そのため、ネコが何を考えているのかは、人間にはまるでわからない。人間を無視して去っていったと思えば、じっと人を観察していたり、暗闇で目を光らせていたりする。

そんなネコに、人々が神秘や怪異を感じるのも無理はないだろう。

ランプの灯りは灯油を用いるが、江戸時代の行灯（あんどん）の灯りは、菜種を絞った油を用いる。つまり、現代でいう食用のキャノーラ油と同じなのだ。あるいは安価な鰯(いわし)油が用いられることもあった。

ネコはもともと肉食の動物だが、「ねこまんま」と言われるように、人間に飼われてると主に米などの穀物を与えられる。脂質の少ない餌を与えられていたネコにとって、菜種油や魚の

ネコ

油はごちそうだったことだろう。

とはいえ、ネコのような動物も火を怖がる。

灯がともる行灯の油を舐めるのは、経験豊かな老いたネコでしかできない仕業だったのかもしれない。

そしてネコが行灯の火に近づけば、映し出される影は大きくなる。行灯の火のかたわらで油をなめるネコの姿は、巨大な陰となって障子などに映し出されたことだろう。その陰を見た人が、化け猫が現われたと腰を抜かしたとしても無理はない。

ちなみにろくろ首のように、行灯の火を舐める女性の妖怪もいる。もしかすると、空腹に耐えきれなかった遊女が、首を伸ばして行灯の油を舐めるということもあったのかもしれない。

そして、油を舐めるという共通点から、ネコが遊女に化けると言われたのではないだろうか。

火車
Kasha

紹介

経済的に困窮することを「火の車」という。「火車」は、この「火の車」の語源となった妖怪である。

火車は、野辺送りの空に現れて葬列や墓場から死者の亡骸を墓場から奪う。一説には、悪行を積み重ねた末に死んだ者を奪うとされている。そして、火車は亡者に責苦を与えるのだ。そして、このようすが「火の車」なのである。

火車の正体は年老いた猫が変化（へんげ）した猫又であるとも言い伝えられている。本当だろうか。

正体

火車の正体は、ゴイサギであると言われている。

鳥の多くは昼行性で夜間に活動することはないが、ゴイサギは夜行性の鳥である。そして、暗い川辺で音を立てて魚を獲ったり、「ギャー」という大きな声で鳴きながら、闇夜を飛んでいく。電気のなかった昔は、その気配はずいぶんと恐ろしいものだったことだろう。ゴイサギは妖怪に間違えられても不思議はない存在だ。

また、ゴイサギは火の玉の正体ともされている。

真っ暗な闇夜をゴイサギが通ると、その白い腹側が光って見える。それが火の玉とされたの

ゴイサギ

である。

それだけではない。

死んだ魚には、光を発する発光バクテリアがつくことがある。暗闇のない現代では、発光バクテリアの光を見ることは難しいが、今でも魚屋で売られているイカなどの表面には発光バクテリアが観察されて、暗い冷蔵庫の中では人知れずイカが光っているのだという。

もし、ゴイサギが発光バクテリアのついた死んだ魚をくわえながら飛んでいたとしたら、人々は光る物体が空を飛んでいくのを目撃したことだろう。

また、発光バクテリアは死んだ魚だけでなく、枯れた水草にもつく。ゴイサギの体や足などに発光バクテリアがついていれば、ゴイサギの体が光を放っていたはずである。

もちろん、発光バクテリアが発する光は、かすかなものである。しかし、電気で照らされた現代の夜と異なり、昔は星明かりだけが頼りの真っ暗闇である。雲でも出て月明かりや星明りを隠せば、闇はさらに深く暗くなる。わずかな光も、人々を驚かせるには十分な明るさがあったはずである。

これが空を飛ぶ火の玉の正体であり、火車の正体であると言われている。そして、「ギャー」という恐ろしいゴイサギの鳴き声が、火車の声として伝えられたのである。

姥火（うばび）

Ubabi

紹介

河内国（現・大阪府）や丹波国（現・京都府北部）に伝わる伝承によれば、「姥火」という老婆の顔をした怪火が現われるという。その怪火は、神社から神灯の油を盗んだ老婆が姿を変えたものだという。

恐ろしいことに、この老婆の顔をした怪火は、「ギャー」と不気味な声を上げるという。果たして、この怪火の正体は何なのだろう。

正体

「ギャー」と不気味に鳴くその姥火の正体は、アオサギであると言われている。

そもそも「青鷺火」という現象が知られており、サギの体は夜になると青白く光ると言われていたのだ。雨の中で木立が青白く光ったり、屋根の上に青白い炎が現れる現象は、昔からサギの仕業であるとされてきた。また、古くからサギは羽が光るとか、飛んで火の玉になると言われていた。サギは火を噴くという言い伝えもある。昔の人たちは、サギが光を放つことを目撃していたのだ。

青鷺火は、別名を「五位の火」とも言う。「青鷺」と呼ばれてはいるが、実際には暗闇の中でアオサギとゴイサギを区別することはできなかったのだろう。青鷺と呼ばれるその正体の多くは、夜行性のゴイサギであったことだろう。

ゴイサギが夜行性であるのに対して、アオサギは昼行性であるから、ゴイサギのように夜間に活発に活動することはない。それでもアオサギも薄明るい黄昏時や、明るい月明かりの下では魚を獲ったり、飛んだりすることもある。アオサギはサギの中ではもっとも体が大きく、体長は一メートルほどになる。羽を広げれば二メートルにもなる大きさだ。

ゴイサギと同じように、発光バクテリアのついたエサをくわえたり、発光バクテリアを身にまとっていたりすれば、かなり目立ったはずである。

そして、ゴイサギと同じように「ギャー」と大きな声で鳴きながら飛んでいく。これが姥火とされたのである。

油すまし
Abura-sumashi

紹介

「油すまし」は、人の姿をした妖怪である。

全身に蓑(みの)を羽織っていて、「すまし」と言うように「すました顔」をしている。

そして、油の入った瓶を持ち、峠に突如出現して通行人を驚かせるのだ。

人気(ひとけ)のない峠道でいきなり、こんな妖怪に出くわしたとしたら、誰でも驚くことだろう。

正体

油すましは謎の多い妖怪である。

じつは、油すましが、よく知られる蓑を羽織った姿にされたのは、古い話ではない。漫画『ゲゲゲの鬼太郎』で紹介された油すましが、蓑を羽織った地蔵のような姿だったのだ。

実際には、油すましがどのような妖怪だったのかは、はっきりしていない。

明治の頃、熊本県天草の山道では、油すましが出るという噂があった。おばあさんが孫を連れて「昔このあたりに油すましという妖怪がでたらしいよ」と話していたら、「今も出るぞ」といって、油すましが現れたという。

この地域では、油を絞ることを「油をすめる」と言うため、油すましは油を絞るという意味ではないかと言われている。

また油すましは、油を盗んだ人の霊であるともされる。

油を盗んだ人の霊とされる、「油坊」や「油盗人（あぶらぬすっと）」などの妖怪が京都や滋賀県で伝えられている。

この正体は、アオサギやゴイサギであると言われている。

油坊や油盗人など油の名前につく妖怪の多くは、闇夜を飛んでいく怪火である。昔は油で灯火を灯した。火が空を飛んでいくようすは、妖怪が油を盗んで飛んでいると解釈されたのかもしれない。

97ページで紹介したように、アオサギやゴイサギは怪火の正体とされてきた。

そんな怪火の伝承が、次第に話が大きくなり、ついには妖怪の伝説を作り上げたのだろう。

えぼ

Ebo

紹介

「黄昏時」という言葉がある。

「たそがれ」という言葉は「誰そ彼」という言葉に由来する。

日が暮れてきて、あたりがだんだんと暗くなってくると、夕闇に紛れて人の顔がわからなくなる。すれ違う人の顔さえわからない。あの人は誰だろう。「誰だ彼は」というのが、「たそがれどき」の由来なのである。

明るくもなく、暗くもない薄暮の黄昏時は、現在でも交通事故の起こりやすい注意が必要な時間帯である。

昔の人にとって、黄昏時は、昼と夜の境目であった。

そして、昔から境目にある曖昧な時間や空間は妖怪が現れやすいとされてきた。

この境目の黄昏時に現れる妖怪が、「エボ」である。

そしてエボは、夕闇の中から現れて、人知れず子どもをさらってゆくのだ。

正体

「エボ～、エボ～」と鳴く鳥がいる。

ミゾゴイ

ミゾゴイである。ミゾゴイは森の中に棲んでいて夕方から夜になると鳴く。その声はかすみ、まさに夕闇から聞こえてくるようである。

視界が妨げられる黄昏時は、子どもたちにとって危険な時間帯だった。足を踏み外して崖や川に落ちるかもかもしれないし、帰るのが遅くなれば真っ暗になってしまう。

そして、実際に夕闇に紛れて人さらいが子どもを連れ去る事件もあったことだろう。子どもをさらうには、子どもが家にいる夜よりも、夕方の黄昏時が好都合だ。

そのため、親たちは子どもたちに早く帰ってくるように促した。

今では夕方のチャイムが子どもたちの帰る合図かもしれないが、昔は夕方になるとミゾゴイが鳴く。そして、「遅くまで遊んでいるとエボに連れ去られるよ」と子どもたちを諭(さと)したのだ。

アマビエ

Amabie

紹介

二〇二〇年、新型コロナウイルスの感染が広がる中で、ある妖怪に注目が集まった。それが、「アマビエ」である。

江戸時代、肥後国（ひごのくに）（現・熊本県）で毎晩、海に光るものが現われた。役人が船を出して赴くと、「アマビエ」と名乗るものが出現し、「当年より六ヶ年の間は諸国で豊作がつづく。しかし同時に疫病が流行するから、私の姿を描き写した絵を人々に早々に見せよ」と予言して、海の中に消えていったと伝えられている。

この役人が描き写したとされる「アマビエの絵」は疫病よけとして江戸に伝えられた。そして、二十一世紀となってからも、世界的なパンデミックを起こした新型ウイルスが広がる中で、アマビエがブームとなったのである。

正体

アマビエは江戸の瓦版に描かれたもので、地元の肥後国では、アマビエの伝説は伝わっていないという。学校の怪談やトンネルの怪談でもそうだが、自分と無関係な少し離れた場所の具体的な場所を出すことで、話は信憑性を持つということだろう。

アマビエに対する記録は少ない。一方、アマビコ（尼彦）という妖怪もいる。一説には、ア

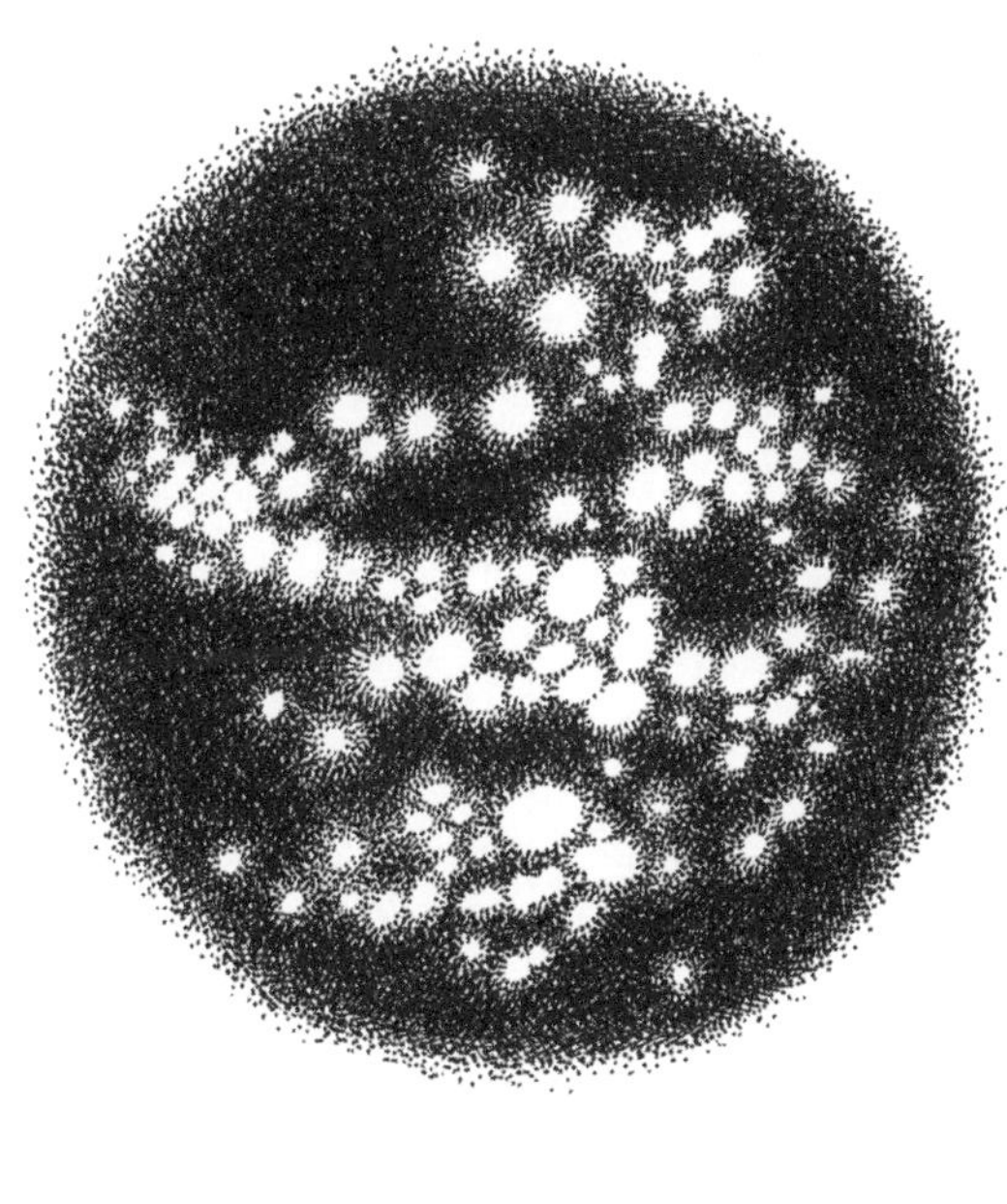

発光バクテリア

マビコのカタカナの「コ」の字を「エ」に読み間違えて伝えられたのだろうとも言われている。

嘴と鱗を持つ半人半魚のアマビエの真偽はともかく、ここでは「光る海」に注目してみよう。

誰しも「光る海」という神秘な光景を目の当たりにすれば、「ただ、海が光っていました」という話で終わらせたくはないだろう。そこに神々しい何かが登場したという話にしたくなるだろうし、そんな登場をするものであれば、「ただ登場した」だけではなく、「何かお告げをした」という話になるのは、ごく自然なことである。

それにしても、「海が光る」という神秘的な現象が起こりうるのだろうか。

発光バクテリアは、浜に打ち上げられた死んだ魚を分解するときに増殖して光を発する。

また海では、海流や海水温の影響で、突如として藻類が大繁殖することがある。その藻類が枯れると、それを分解するために、発光バクテリアが大発生をする。これが光る海の正体であると考えられているのだ。

実際に一九九五年にイギリス船がソマリア沖で遭遇した白く光る海について、科学的に検証したところ、その現象は人工衛星からも捉えることができたという。つまり宇宙からも見えるほど、海が強い光を放っていたのだ。

古今東西、「海が光る」という話は、伝説やおとぎ話の中では、ときどき描写されてきた。そして、実際に海が光るという現象が起こることが科学的にも立証されたのである。

件（くだん）

Kudan

紹介

疫病や災いなどで、世の中が不穏な空気に包まれたとき、どこからともなく異形のものが現われ、人々に予言を伝える。それが予言獣である。全国各地で、さまざまな予言獣が目撃されているが、よく知られているものに「件」がある。

漢字で、にんべんに牛と書くとおり、件は半人半牛の怪物である。その姿は、牛の体に人の顔を持つ人面牛として描かれることが多い。一説には、人と牛との間に生まれるとも言われている。

牛から生まれた件は、人の言葉を話し、重大な予言をした後に、数日で死んでしまうという。妖怪というと古い時代の言い伝えという気もするが、件は近代化された明治維新以降も目撃例がある。

たとえば、明治四二年には、人の顔を持つ子牛が、「日本はロシアと戦争をする」と予言して死んだと新聞で報道されている。日露戦争を予言したのである。

また件は、昭和に入ってからも現われて、第二次世界大戦中の空襲や終戦を予言したと伝えられている。

まだ近代科学の発達していない江戸時代の言い伝えであればまだしも、飛行機も自動車もあるような時代に新聞で報道される妖怪は、いったいどのような正体を持つのだろうか。

正体

かつて見世物小屋と呼ばれる興業で、件の剝製が見世物にされることがあったという。世の中には、河童のミイラや、人魚のミイラと呼ばれるものがあるが、じつはこれらのミイラは、江戸時代の職人たちが、さまざまな動物の剝製を加工して創り上げた偽物である。いわば職人が作った工芸品なのだ。これらの工芸品は、見世物小屋で使われたり、中国やオランダなどへも輸出されたと言われている。

やはり件の剝製も、作り物の類いなのだろうか。

ところがさにあらず、じつは件の剝製と伝えられているものを調査しても、いっさいの加工の痕跡が見つからないのである。

件の剝製は本物である。つまり、件は実在するのだ。

じつは現在でも、ウシやヒツジ、ヤギなどで鼻の大きい奇形が稀に生まれることがある。そして、正常な個体でないこれらの奇形は、生まれてから数日の間に死んでしまうのだ。鼻の大きい奇形は、人の顔に似ているので、現在でもSNSなどで話題になる。

それでは、これらの奇形は、本当に予言をしたのだろうか。

人の顔のようなウシが生まれれば、人々の話題になる。しかし、ただ人の顔のウシが生まれ

奇形のウシ

たという話だけでは、やがて陳腐化する。また、奇妙なウシが生まれたという話は、もっと奇妙なことの予兆のように思える。そして、この噂話がより面白おかしく尾ひれをつけられて、風呂敷を広げて伝えられていく中で、「予言をした」と伝えられたのであろう。

面白いことに、第二次世界大戦の終わり頃、件は「来年には戦争は終わる」「日本は戦争に負ける」と予言していたが、戦争が始まった頃には、「日本は戦争に勝つ」と予言していたらしい。件は、人々の心の奥底にある不安や期待を言葉にして代弁するかたちで、言い伝えられていったのである。

河童（かっぱ）
Kappa

紹介

「河童」は、鬼や天狗と並んで、もっとも有名な妖怪の一つである。

河童には多様な姿や特徴がある。

これは、各地域のさまざまな水の妖怪が「河童」という名前で呼ばれたためであるとされている。

典型的な河童の姿は、体は鱗に覆われ、頭の上に皿があり、背中には亀のような甲羅を背負って、手足には水かきがある。キュウリや相撲が好きで、泳いでいる子どもの足を引っ張って、溺れさせたりする。

この有名な妖怪は、何がモチーフとなっているのだろう。

正体

河童は水の中に引きずり込んだ人の肛門から手を入れて、尻子玉を抜いてしまうと伝えられていた。

溺れ死んだ人は、括約筋が緩み、肛門が大きく開いてしまう。このため、河童に尻子玉を抜かれると言われたのである。水難事故の多かった昔は、人が水死すると河童のせいにして慰めたのだろう。

頭に皿を乗せて、甲羅を背負った私たちがイメージするいわゆる河童のモデルとなったのが、

カワウソ

カワウソとスッポンである。また、伝えられているその性質はサルに似ているとも言われている。

室町時代の書物には、「川獺老いて河童になる」と記されている。

カワウソはイタチの仲間で、周囲を警戒するときに後ろ足の二本足で立つ。また、五本指で水かきがある足跡は、まさに河童である。

昼間は巣穴に潜んでいるが、夕方になると巣穴から出てきて、ドボンと水に飛び込む。その水音だけ聞けば、河童と間違えたとしても不思議はない。

また、河童の手のミイラや、河童の手形として残されているものは、カワウソのものであることが多い。

残念ながらカワウソは、上質な毛皮のために密猟され、さらには河川改修や護岸工事、農薬による水質の悪化などによって、その数が激減し、現在では絶滅種とされている。

もう日本のふるさとの川は、河童の棲めない環境になってしまったのである。

水虎（すいこ）
Suiko

紹介

「水虎」は、河童の元になったとされる中国の妖怪である。体は硬い鱗で覆われていると言われている。

日本では、同じく水辺に棲む河童と混同されたり、河童の一種とされることも多い。しかし、甲羅を背負った典型的な日本の河童とは、姿がだいぶ異なる。

この水虎の正体は何なのだろう。

正体

水虎の硬い鱗と伝えられているのは、中国南部に生息し、厚い装甲を持つセンザンコウの鱗である。

そして、水虎の正体とされるのが、東南アジアに分布するカニクイザルである。カニクイザルは泳ぎが得意で、水に潜ってエサを探す。

蟹を主食としているわけではないが、「蟹食い猿」の名の通り、蟹を捕えて食べる。石を使って蟹の甲羅を割り、まるで人間がするかのように、殻を剥いて食べる。このようすが印象的だったので、「蟹食い猿」と名付けられたのである。

中国南部や東南アジアに分布する生き物は、中国の北部に住む人たちにとっては、目にすることのない生き物であった。そして、未知の地と未知の生き物は、神秘的な謎の存在として、その伝承だけが残っていったのである。

こうして想像された姿が、やがて幻獣となり、その言い伝えが日本に伝播してきたのだ。

カニクイザル

ひょうすべ

Hyosube

紹介

「ひょうすべ」は、九州地方に伝承する河童の一種である。

一説には、ひょうすべは河童よりも古くから言い伝えられている存在であるともいう。

河童に似ているが、「全身毛だらけで、爪は長く、眼は血走り、口は耳元まで裂けている」と文献に記されている。

また、ひょうすべは空を飛ぶ河童としても知られている。秋になると群れを成して山に飛んで鳴きながら移動し、春になると川へ下りてくるという。

空を飛ぶ河童の正体とは何なのだろう。

正体

ひょうすべは、「兵部神」に由来するとも言われているが、「ヒョー、ヒョー」と鳥のように鳴くことが語源とされている。

九州では、河童とひょうすべは明確な区別はされていない。ひょうすべは空を飛ぶ河童であり、九州では、河童は空を飛ぶ存在である。

それにしても群れを成して飛んで移動するというのは、まるで鳥である。ひょうすべの正体はムナグロという渡り鳥である。また、夜に鳴きながら移動するアオアシシギと呼ばれる渡り鳥も、その正体の一つであるとされている。

ムナグロ

それにしても、猿のような姿は何が元になっているのだろう。

中四国地方や九州地方では、河童のことを猿猴と言う。あるいは、猿猴は河童の一種であるともされている。

この猿猴の正体とされるのが、中国南西部に生息しているテナガザルである。ひょうすべの特徴はテナガザルに似ている。しかし、日本ではテナガザルがいないため、ひょうすべは河童の仲間として位置づけられたと考えられているのである。

一説には、河童はわら人形が姿を変えたものであるという。左右の腕が一本につながっていて、右の手が伸びれば、左の手が縮み、右の手が縮めば、左の手が伸びる構造になっていると言われている。

これは中国に言い伝えられているテナガザルの俗信である

ケンムン
Kenmun

紹介

「ケンムン」は奄美諸島に伝わる妖怪である。ガジュマルの木を棲みかとしており、木の下を通りかかった人を「オーイ、オイ」と太い声が呼び止める。

河童に似ており、河童の一種ともされるが、沖縄のガジュマルの木に棲む精霊であるキジムナーによく似た性質を持つ。

ケンムンの正体は何なのだろう。

正体

ケンムンは河童によく似ている。

これは本土から伝えられた河童の伝説が、奄美の妖怪であるケンムンに影響してイメージが作られていったためであるとも言われている。

ケンムンの正体の一つとされているのが、オットンガエルというカエルである。

オットンは、この地域の方言で「大きい」という意味である。オットンガエルは体長が一〇センチ以上あり、日本固有のカエルでは最大である。大きなカエルと言っても、その姿を見つけることは簡単ではない。暗い闇夜で、低く太い声で鳴けば、まるで呼び止められたように思うことだろう。しかし、振り返っても姿は見えない。それがケンムンとして、語り継がれたのである。

オットンガエル

貝吹き坊

kaifuki-bo

紹介

「貝吹き坊」は姿を見ることのできない音だけの妖怪である。

貝は、ほら貝のことだ。

岡山県の熊山城跡の堀の水中に棲むとされており、夜な夜な「ボー、ボー」とホラ貝を吹く音を立てるという。

この妖怪の正体は何なのだろう。

正体

貝吹き坊の正体は謎である。

ただ、ボーボーという音は、ウシガエルの鳴き声に似ていることから、その正体はウシガエルではないかと言われている。

ウシガエルは、大きいものでは体長が一八センチにもなり、日本に生息する最大のカエルである。ただし、ウシガエルはもともと日本産カエルではない。北アメリカ原産である。

一九一八年（大正七年）に、食用とするために、アメリカから日本に持ち込まれた。そのため、ウシガエルは別名を食用ガエルという。

日本の各地で養殖場が作られて、ウシガエルが飼育されたが、結局、カエルを食べることは定着しなかった。閉鎖された養殖場から逃げ出したり、捨てられたウシガエルが繁殖したもの

ウシガエル

が、野生化したと言われている。そのため、日本におけるウシガエルの歴史は古くはない。ウシガエルは、いわゆる外来生物なのである。

ただし実際には、わざわざ養殖場を作らずに、害虫駆除や農村の副業を目的に、各地に放流されたウシガエルも多かったと言われている。

ウシガエルのような声で鳴くカエルは、日本には他にいない。ウシガエルの名前の由来は、「ボーボー」と太く大きい声で鳴くようすが、牛の鳴き声にたとえられた。闇夜に響くウシガエルの声は、正体はわかっていても何とも不気味である。

貝吹き坊がいつ頃から伝えられている妖怪かはわからない。しかし、ウシガエルは、貝吹き坊の正体として、あまりにふさわしい生物なのである。

天狗
Tengu

紹介

「天狗」は人の形をしているが、天の狗（いぬ）と書く。「狗」とは犬の仲間の動物のことである。天狗はもともと「あまつきつね」と読んだ。つまり、空の獣である。

中国では、もともと流れる星や彗星のことを空を翔ける獣だと考えて「天狗」と呼んだ。これが日本に伝わったのである。

やがて鎌倉時代の頃になると、天狗は修験道者の姿となり、動物というよりは、人型の化け物となった。

仏道に従うわけでもなく、山にこもり修行を積む修験者は、仏教徒から見ると、いかにも怪しげな存在であったことだろう。

天狗には長い鼻を持つ赤い顔をした鼻高天狗と、鳥のように口がとがった烏（からす）天狗とがある。俗に鼻高天狗は大天狗、烏天狗は小天狗と呼ばれる。鼻高天狗の鼻が高いのは、仏道に従わない傲慢な態度を高い鼻で表現したのだろう。

それでは、この天狗の由来となった「あまつきつね」とは何物だったのだろうか。

正体

「あまきつね」と呼ばれた天狗のモデルではないかとされているのが、イヌワシである。天狗は天の狗である。そして、イヌワシは狗鷲と書く。

天狗というと赤い顔に長い鼻を持つ鼻高天狗のイメージがあるが、これは近代になって作られたものである。もともと天狗といえば、烏天狗であり、さらにそもそも天狗は猛禽類の姿に描かれていた。それがやがて人の姿のように描かれるようになったのである。

しかし、もう一つ天狗のモデルとなった生物がいる。

ムササビである。

烏天狗は闇夜に現れる。電気のない時代である。

真っ暗な闇夜を飛ぶ姿の正体を知る術もなく、人々はそれを「天狗」と呼んだ。

京都の鞍馬山では、夜になると現れ、木から木へと飛び回る烏天狗を相手に、若き源義経が修行を積んだと言われている。

どこからともなく空から小石が降ってくる現象は、「天狗の砂つぶて」と呼ばれる。天狗の仕業とされているのだ。しかし、それはおそらくムササビの糞である。77ページで紹介した砂かけばばあの正体と同じだ。

また、ムササビは翼で飛ぶわけではなく、皮膜で風に乗る。そのため、風が吹いたときが、ムササビにとって飛翔するチャンスである。天狗は葉団扇（はうちわ）で風を起こすと言われているが、突然吹いた風に飛び立ったムササビが、天狗が風を起こしたと思われたのかもしれない。

また、川道武男著『ムササビ』によれば、ムササビが木の幹に着地するときにムササビの飛膜が起こす風圧で、「団扇で頬を叩かれるほどの風圧を感じた」と記している。まさにムササビ自身も風を起こすのだ。

イヌワシ

天狗の爪

Tengu-no-tsume

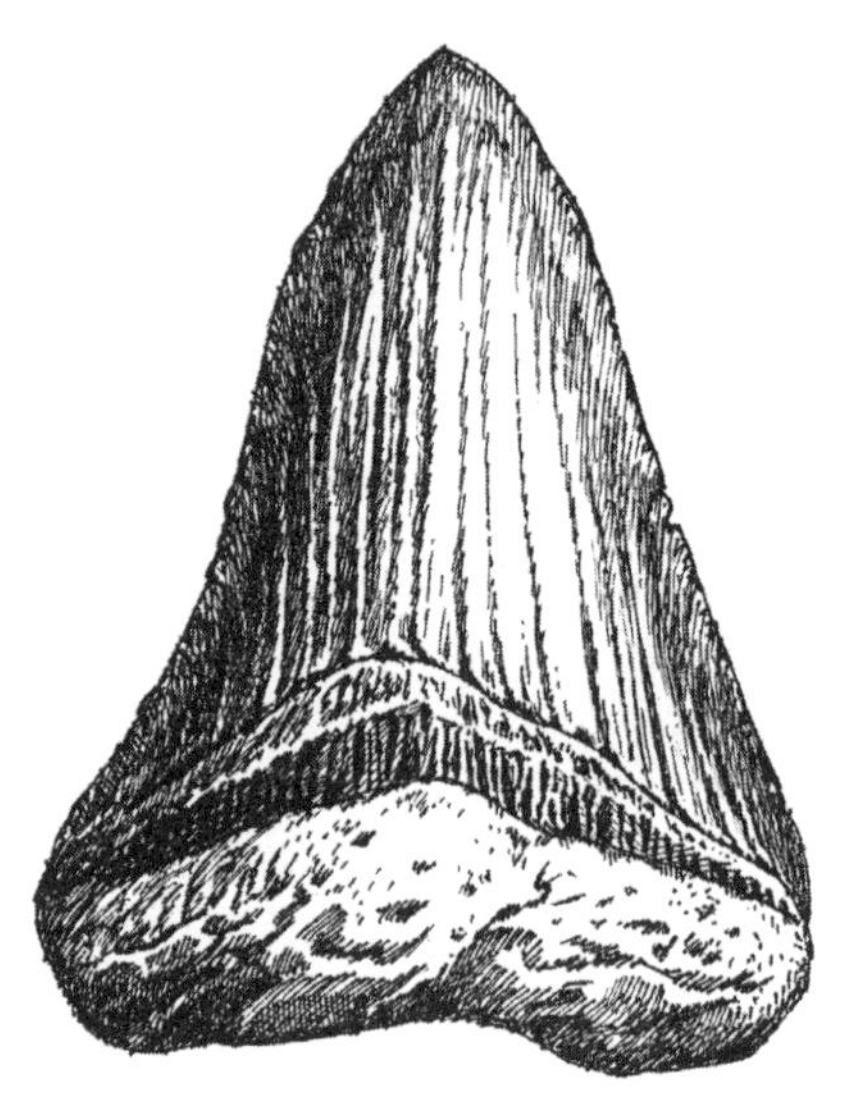

紹介

天狗は空想上の存在である。そのはずである。ところが不思議なことに、天狗の存在を示す、「天狗の爪」や「天狗の頭骨」が日本各地で伝えられている。

確かに天狗の爪は、実在する生物の爪としてはあまりに大きいし、天狗の骨は鼻が長く、奇妙な姿をしている。

まさか、昔は本当に天狗が実在したのだろうか。

正体

天狗の爪として各地で残るものは、サメの歯の化石である。

日本列島は海が隆起して山岳地帯を形成したところが多い。そのため、山中にサメの歯の化石が出現する。サメは軟骨魚で骨は残りにくいが、鋭い歯は化石として多く出没する。まさか山中の土の中から海水魚であるサメの歯が出るとは思わないから、山に棲む天狗の爪だと考えられたのである。

特に、カルカロドン・メガロドンという古代のサメは、十五メートルを超えるほどの巨大なサメだったと考えられている。この巨大なサメの歯の化石が「天狗の爪」として知られているのである。

ちなみに天狗の頭骨とされているものの正体は、イルカの頭骨である。

深い山中に潜む天狗とされたのは、じつは、海に棲む生き物だったのだ。

カルカロドン・メガロドン

百々爺（ももんじい）

Momon-ji

紹介

「百々爺」は謎の多い妖怪である。

そのユニークな呼び名とは異なり、山中で出会うと恐ろしい妖怪であると言われている。

人や動物の生き血を吸うとも言われているし、出会っただけで病いを患うとも言われている。

百々爺の正体は、いったい何なのだろうか。

正体

関東地方では、化け物のことを幼児語で「ももんがぁ」と呼んだ。

この「ももんがぁ」の名をそのままつけられた動物がモモンガである。

モモンガはリスの仲間である。ムササビと同じように夜になると皮膜を広げて滑空するが、ムササビに比べると体長も小さく、かわいらしい。

夜行性で闇夜に行動するムササビやモモンガは野襖（80ページ）という妖怪としても知られていた。百々爺は、年老いた野襖が化けたものであるともされている。

このように妖怪として恐れられる一方で、江戸時代には「ももんじ屋」と呼ばれる店が流行った。
江戸時代は、殺生を戒める仏教の教えを受けて、獣肉を食べることは禁忌とされてきた。しかし、鳥の肉を食べることは許されていた。

ムササビやモモンガは哺乳類だが、空を飛ぶことから鳥の仲間と考えられていた。そして、ムササビやモモンガが巨大化した百々爺は、鳥と同じだと解釈したのである。そして、ももんじいを捕らえたことにして、イノシシやシカなどの獣肉を食べたのである。百々爺の伝説は、そんな人間の都合の良い解釈に利用されたのだ。

龍
Ryu

紹介

「龍に九似（きゅうじ）あり」と言われ、龍の頭はラクダ、角はシカ、目は鬼、耳はウシ、うなじはヘビ、腹は大蛇、うろこは鯉、爪はタカ、手はトラに似ていると伝えられている。

「龍」の歴史は古く、中国ではすでに紀元前五〇〇〇年の遺跡から、龍の文様が発見されている。日本では弥生時代の土器に龍の文様がある。

龍は古くから実在が信じられている聖獣なのである。

正体

龍は十二支の中にも登場するが、どうしてその動物たちの中で、「辰（たつ）」だけが想像上の動物なのだろうか。

一種類だけが実在しない動物であることは、不自然であることから、「辰」もまた、実在の動物であったとも考えられている。

辰、すなわち龍のモデルと考えられているのが中国南部に生息するヨウスコウアリゲーターというワニである。このワニの話が、ワニの分布しない北方地域に伝えられていくうちに、龍の姿が想像されていったという。

ワニとは言っても、ヨウスコウアリゲーターは貝などを主食とするおとなしいワニで、人間に危害を加えることはない。西洋のドラゴンが人を襲う怪物であるのに対して、龍が神獣として扱われるのは、温和なヨウスコウアリゲーターの性質が反映されているかもしれない。

実際に龍とヨウスコウアリゲーターとは共通点があるという。

龍は、うなり声で雷雲や嵐を呼ぶ。じつはヨウスコウアリゲーターは雨が降る前になると雷鳴に似たような声で鳴く。そのため、龍は雨や雷を呼ぶとされたのである。また、このときに体をそらして鳴くようすが首をもたげた龍を思わせるという。

「逆鱗(げきりん)に触れる」という言葉があるように、龍の八一枚の鱗のうち、あごの下に一枚だけ逆さに生えた鱗があるという。この鱗が「逆鱗」である。龍は、人間に危害を加えることはないが、喉元の逆鱗に触れると、龍は激怒し、触れたものを殺すと伝えられている。

じつは、ワニを怒らせると威嚇のためにあごの下にある臭腺を反転させる。このようすが「逆鱗」だと考えられているのである。

また、龍には二本の角があるが、ワニの骨格を見ても、角のような突起がある。この突起は、顎の開閉に関わる骨の突起で「関節骨後突起」と呼ばれている。このようなワニの特徴が龍を連想させたのかもしれない。

上：ヨウスコウアリゲーター　下：古代象の化石

ワニ学者の青木良輔氏の著書『ワニと龍』によれば、「龍」という文字は、もともと古代の中国に分布していたが、六〇〇年ほど前に絶滅してしまったマチカネワニを表しているとされている。マチカネワニは、全長八メートルにもなる巨大なワニで、龍のモデルにふさわしい。そして、龍が神格化されるにしたがって、実在するマチカネワニは「鰐」という字が当てられたのではないかと推論している。

また日本では、意外なものが龍の骨だと考えられていた。

前ページ下のイラストは、江戸時代に発見された龍の骨を描いたものである。この絵は、角の生えた龍が左側を向いているように見えるが、この本を右に四五度傾けると、牙を突き出した象の頭が右を向いているように見える。じつは、龍の骨だと考えられていたのは、日本に古い時代に棲んでいた古代象の化石だったのである。

ドラゴン
Dragon

紹介

龍は英語では「ドラゴン」と訳される。たしかに龍とドラゴンはよく似た姿をしているが、明らかに別の存在である。

日本の龍は恵みの雨をもたらすような霊力を持ち、神格化された存在だが、一方のドラゴンは悪魔のような存在であり、火を噴いて村を襲い、鋭い爪で人を襲う、明らかなモンスターである。ドラゴン退治は、ヒーローの物語に欠かせない。

このモンスターの姿は、何をモチーフにして作られたのだろう。

正体

西洋と東洋には、同じような伝説が伝えられていることが多い。西洋の伝説は東洋に伝えられ、東洋の伝説は西洋に伝えられて互いに影響しあってきたのだろう。龍の伝説とドラゴンの伝説も、似た部分はある。しかし、龍とドラゴンは、ずいぶんと性格が違う。東洋では龍は神として扱われるが、西洋のドラゴンは悪の化身でしかないのだ。

ドラゴンに相当する英語やフランス語の語源である「ドラコ」というラテン語は、古代ローマ人の間では「大蛇」を意味していた。

ヨーロッパで最初の専門的な動物学の本である『博物誌』を書いたプリニウスも、インドにいる大蛇を「ドラコ」と呼んでいる。この大蛇が中世の頃には、現在の私たちがイメージする四つ足で翼を持ち、火を噴くドラゴンの姿になったのだ。

中国の龍のモデルがヨウスコウアリゲーターであるならば、ヨーロッパのドラゴンのモデルはナイルワニなのだろうか。

確かにヨウスコウアリゲーターはおとなしい性格であるのに対して、ナイルワニは凶暴で、邪悪なモンスターにふさわしい。

それにしても、「火を噴く」ドラゴンの特徴は、どのようにして作られたのだろうか。

蛇は、口の中にヤコブソン器官という臭いを感じる感覚器官を持っている。そして、舌で空気を口内に取り入れて、獲物や敵の臭いを察知するのだ。そのため、ヘビは頻繁に長い舌を出し入れする。さらに、舌の先は空気を取り込むために二又に分かれている。

蛇が舌を出すようすは、とても炎には見えないが、絵に描かれた舌を出す蛇の姿は、まるで炎を出しているように見える。石版や石像となれば、なおさらである。

また、ドラゴン伝説のモデルとなったと考えられる生物にコブラがいる。

ドラゴンのねぐらには財宝が隠されていると伝えられるが、インドの王族たちは財宝を守るために、猛毒のコブラを飼っていた。それが、財宝を守るドラゴンとなったのではないかと言われているのである。また、アジアからアフリカに掛けて広く分布するドクハキコブラは、まるで火を噴くように毒を吐く。これらのコブラの性質もまた、ドラゴン伝説の基になったことだろう。

ドラゴンの姿が人々にイメージされるようになってから、さすがにドラゴンを見たという目撃例はないが、さまざまな生き物が目撃されて「ドラゴンの子ども」と言われるようになった。十六世紀にジャワ島で捕獲されたトカゲの標本は、あまりにドラゴンに似ていたことから、ドラゴンの子どもであるとされて、学名を「ドラコ・ヴォランス（飛ぶドラゴン）」と名付けられた。

このトカゲは薄い膜を翼のように広げて木から木へと飛ぶトビトカゲの仲間である。実際に、インドに生息するインドトビトカゲは、地元では、「ドラコ」と呼ばれている。このドラコが成体ではなく、幼体だと思えば、巨大なドラゴンを想像するかもしれない。

もしかすると、この生物が翼を持つドラゴンのモデルになったのだろうか。

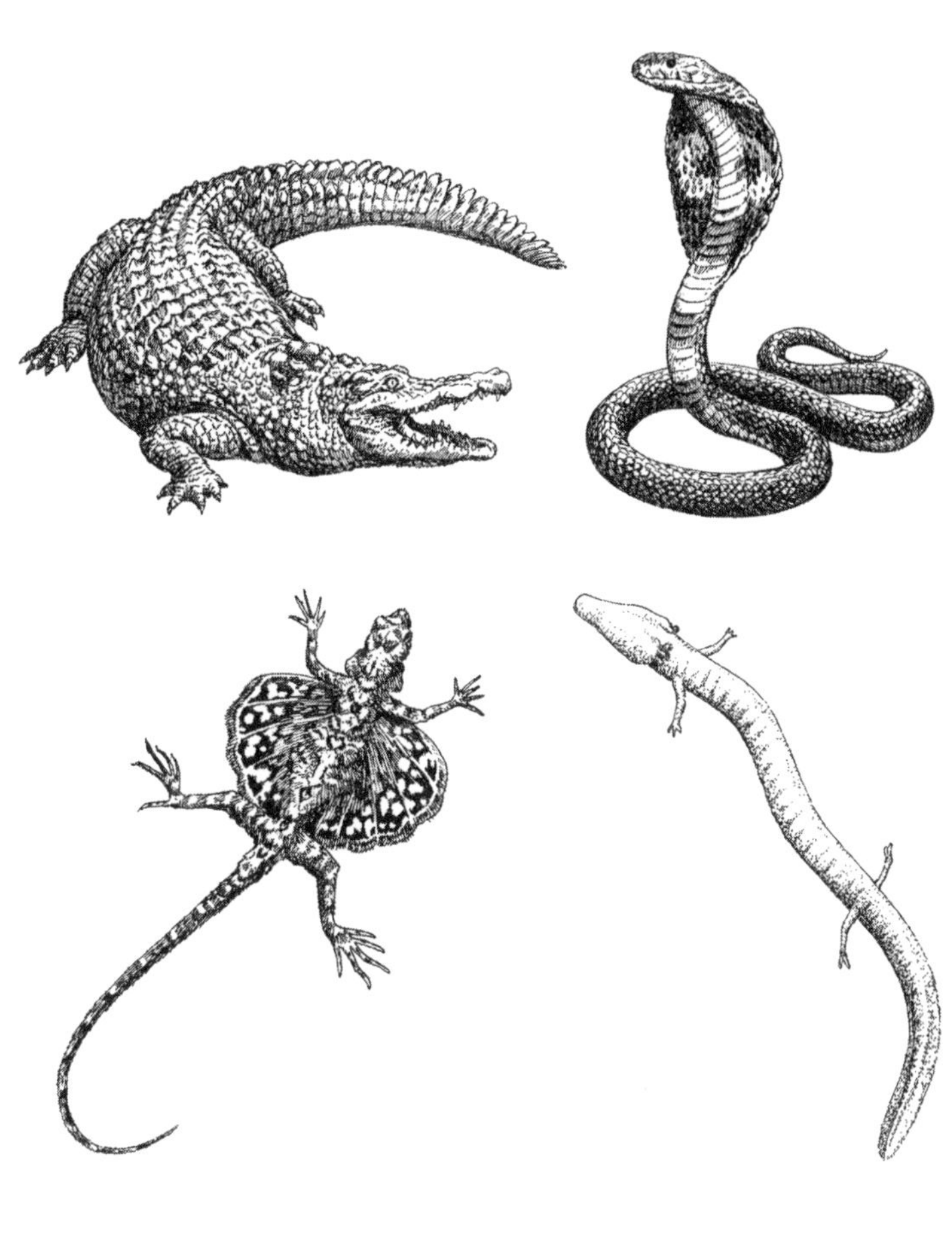

上左：ナイルワニ　上右：コブラ
下左：インドトビトカゲ　下右：ホライモリ

ドラゴンの子どもと思われた生き物は他にもいる。

スロバキアでは、ドラゴンは地中の奥深くに生きていると伝えられている。そして、洞窟の奥深くで見つかった生物が「ドラゴンの赤ちゃん」であると言われた。それが、ホライモリである。洞窟に住むホライモリは、水中でエラ呼吸をして暮らしている。このエラが、翼に見えたのである。

また、十六世紀の頃には、アジアの東端にドラゴンが棲まうと言い伝えられていた。やがて、二十世紀になってからアジアの東端のコモド島で、巨大なオオトカゲが発見されたときには、ドラゴンの子どもであると騒ぎになった。そして、コモドドラゴンと名付けられたのである。

コモドドラゴンは、蛇のように舌を出し入れする。このようすが炎を噴くドラゴンを連想させたのかもしれない。

グリフォン

Griffon

紹介

グリフォンは奇妙な姿をした怪物である。

何しろグリフォンは、最強の鳥であるワシの上半身と翼を持ち、下半身は最強の動物であるライオンの姿をしている。

鳥は前肢が翼となっているから、翼と四肢を持つグリフォンは、生物としては六本の足を持っていることになる。

こんな奇妙な怪物が、本当に存在するのだろうか。

正体

グリフォンの正体は明らかではない。

むしろ、最強の鳥であるワシと、最強の動物であるライオンをくっつけただけの姿は、典型的な「想像上の動物」であることを思わせる。

しかし、そんなグリフォンでも、モチーフになったのではないかと指摘されている生物がいる。

それがプロトケラトプスである。

プロトケラトプスは白亜紀の恐竜で、トリケラトプスなどと同じ角竜の仲間である。ただし、原始的な種であるため、トリケラトプスのような立派な角もなく、大きさも二メートル程度と恐竜としては小さい。

プロトケラトプス

しかし、化石の姿を見ると、まるでワシのような曲がったくちばしを持っているのが特徴である。鋭いくちばしを持った頭骨は、まさにワシの頭を思わせる。そして、ライオンのような四本足の体を持っているのである。

もちろん、プロトケラトプスは白亜紀の恐竜であり、大昔に絶滅してしまった。しかし、化石となったプロトケラトプスを発見した人は怪物の骨だと思ったのではあるまいか。

あなたなら、この奇妙な姿を人々に伝えるときに、どのように説明するだろう。

「ワシのような頭を持ち、ライオンのような（ライオンくらいの大きさの）体を持つ」と説明しないだろうか。

ヨーロッパでは、グリフォンは東洋の怪物として伝えられていることも多い。現在、プロトケラトプスの化石は、モンゴルのゴビ砂漠で発見されている。ゴビ砂漠は、かつて東西をつなぐ交易路であったシルクロードが通ったルート上にある。

もしかすると、古い時代にシルクロードで見聞きした化石の話が、人々の創造力によってグリフォンを生み出したのかもしれない。

ユニコーン

Unicorn

紹介

「ユニコーン」は長くとがった一本の角を生やした馬のような幻獣である。
日本語では「一角獣」とも呼ばれている。
ユニコーンはどんな動物よりも足が速く、さらに極めて獰猛と言い伝えられている。
人にはなつかないが、処女の懐に抱かれるとおとなしくなるという。
それが、ユニコーンの伝説なのである。

正体

紀元前に、ヨーロッパに伝えられたユニコーンの伝説には、こう記されている。
「インドには、ウマぐらいの大きさか、もしくはそれ以上の大きさの野生のロバがいる。その動物は額に四五センチほどの長さの一本の角を持つ」(『インド誌』)
『インド誌』は、こうも記述する。
「この動物は、非常に力強く、足が速く、ウマを含め、いかなる動物にも追いつかれることはない。初めのうちは、ゆっくりだが、長く走ればそれだけ歩様は驚くほど増し、どんどん速くなる」

インドに棲むというこの動物の正体は、インドサイであると考えられている。アフリカに生息するシロサイやクロサイは角が二本だが、インドに分布するインドサイは角が一本なのである。

図体が大きいサイは、のろまなイメージがあるかもしれないが、じつは時速五〇キロものスピードで走ることができる。これはハイエナと同じくらいのスピードだ。改良されたサラブレッドに比べれば劣るスピードだが、農作業用の農耕馬には負けないスピードだったのではないだろうか。

ローマの博物学者プリニウスはユニコーンについてこう記している。

「インドでもっとも獰猛な動物はユニコーンである。ユニコーンはウマに似ているが、頭は雄ジカのようで、足はゾウに似ており、尾はイノシシに似ていて、深い声で吠える。そして額の中央から突出している一本の黒い角を持っている」

この形容は、スマートな白馬というよりは、まさにサイの姿そのものである。

ユニコーンは、旧約聖書にも記述がある。

旧約聖書のヨブ記には、「馬具をつけて鋤(すき)を引く一本角の動物」と記されているのだ。馬具をつけている動物と聞けば、誰でも馬に似た動物を想像することだろう。

古くから、人間はさまざまな動物を捕えて家畜化を試みた。力の強いサイも、飼い慣らされて馬具をつけたこともあるだろう。しかし、野生動物を家畜化する上では、飼育や繁殖のしやすさなど、さまざまな条件が必要となる。そのため、サイは馬や牛のように家畜にはならなかったのだ。

この古代の伝説の生き物は、中世になって人々が神秘的な神獣としてイメージするようになる。

古代より、ユニコーンの角は万病に効く薬であると言い伝えられてきた。特に解毒剤として効果が高いとされた。実際に、サイの角である「犀角（さいかく）」は、現在でも漢方薬として利用されている。そのためサイは角を取るために乱獲されてきた。

現在は、犀角の輸出入は禁止され、サイは保全対象になっているが、それでもサイの密猟は後を絶たない。

しかし、サイの角は、人々がイメージするユニコーンの角とは、似ても似つかない。そこで、中世ヨーロッパでユニコーンの角として取引されたのが、イッカクの角である。

イッカクは、北極圏に棲む小型のクジラの仲間だが、長い一本角を持っているのである。この長い一本角の役割は、現在でもよくわかっていない。謎の生物なのだ。

このイッカクは、細長くらせん形状の角を持っている。そのため、絵画などでユニコーンが描かれるときには、イッカクの角のように、長くらせん形状の角に描かれることがあるのである。

上：サイ　下：イッカク

麒麟（きりん）

Qilin

紹介

「龍」と「麒麟」と「鳳凰（ほうおう）」は、中国では霊獣と呼ばれている。角が一本という生物の言い伝えは、世界各地に残されているが、麒麟もユニコーンと同様に角は一本である。

麒麟は、良い政治が行われているときに姿を現わす瑞獣（ずいじゅう）と言われている。

正体

麒麟は架空の生き物ではなく、実在するものであると長い間考えられていた。そのため、後漢の時代の文人、王充（おうじゅう）は「麒麟はキバノロの変種ではないか」と考察している。実在する生き物として分析していたのだ。しかし一般的には麒麟は霊獣であると信じられてきた。

王充が指摘したキバノロは、シカの仲間だが、その名のとおり、牙を生やしている。確かに頭蓋骨を見ると、麒麟によく似ている。

今では麒麟というと、誰もが動物園にいる首の長いキリンを思い浮かべるだろう。
中国では、明(みん)代の頃から、キリンの存在が知られるようになり、古くから伝説として伝えられていた「麒麟」の文字をこの動物に当てた。そして、聖獣「麒麟」として、永楽帝に献上したとされている。

もっとも、現在では中国語でキリンは「長頸鹿」と書く。つまりは、首の長い鹿という意味だ。日本で、中国での古い呼び名である「キリン」と呼ぶようになったのは、あるエピソードが関係している。

明治時代に、東京の上野動物園では、キリンを購入しようとしていたが、あまりに高価で買うことができない。そこで、この動物は聖獣の「麒麟」とされていた動物であると宣伝して予算を獲得し、キリンの購入を実現したのである。こうして上野動物園にやってきたのが、日本で最初のキリンである。以来、この首の長い動物はキリンと呼ばれるようになったのだ。

ユニコーンのモチーフとして紹介したように、一本角の生物の由来はインドであるとされている。おそらくは一本角のインドサイがそのモチーフなのだろう。

伝説は、東西を往来する中で、さらに話に尾ひれがつき、遠い異国の話に、想像に想像を重ねて、幻想を深めていったという指摘もある。

たとえば、ヨーロッパの一本角の伝説は、中国へ伝わり、さらに不思議な話となる。

そして、中国の一本角の伝説は、ヨーロッパへ渡って、また不思議さを増す。遠い異国の話というのは、どこかミステリアスである。こうして、伝説が東西を行ったり来たりする中で、さらに幻想的になっていくのだ。

キバノロ

ちなみに、麒麟は「顔は龍に似て、牛の尾と馬の蹄(ひづめ)を持つ」と言われている。

伝説の生き物はこのような合体獣として語られることが多い。

キリンの仲間のオカピは二十世紀になってから新たに発見された動物だ。このオカピが発見されたとき、こう説明された。

「頭はキリン、体はロバ、足はシマウマ」

古今東西、未知のものを説明する手段は、知られているものでたとえるしかないのだ。

貘（ばく）
Baku

紹介

「獏」は、人が眠っているときに見る夢を食う生き物とされている。

その姿は「体は熊、鼻は象、目は犀、尾は牛、足は虎」と言われている。何とも奇妙な姿である。ある伝説では、神さまがさまざまな生き物を創った余りをつなぎ合わせて創り上げた生き物とも言われている。それも納得できるような奇妙な幻獣なのである。

正体

イラストの動物はマレーバクである。

この動物を知らない人に、あなたなら、どう説明するだろうか。あるいは、誰かにこの動物の絵を描いてもらおうとしたら、どう説明するだろうか。

鼻は○○に似ていて、目は○○に似ていて、尻尾は○○に似ていて……、もしかするとそんな説明をするかもしれない。そう説明するしかないからだ。

実際に、中国の古い書物では、この動物はこう説明されている。

「象の鼻、犀の目、牛の尾、虎の足を持ち、全体は熊に似ていて……」

そして、こう説明が続く。

「黒と白の毛色をしている」

これはまさに、黒と白の毛色をしたマレーバクの特徴をよく表している。

マレーバク

動物の中には白と黒の色をしたものが多い。夜行性の祖先から進化を遂げた哺乳類の多くは色を識別することができない。明るい白色と暗い黒色を持つ体色は、森や藪の中では捕食者から見つかりにくいのだ。

ちなみに伝説では、獏の腰が白いのはお釈迦様が乗ったからと言い伝えられている。

実在のバクは草食性の動物であり、夢をエサにするようなことはない。

それにしても、マレーバクは、見れば見るほど、不思議な姿をした生き物である。

バクは古くは中国にも生息していたが、絶滅してしまい、いつしか伝説上の生き物とされてしまったとも言われている。あるいは、麒麟と同じように伝説上の生き物によく似たマレーバクに「獏」の名がつけられたとも言われている。

西洋の人魚
Mermaids of the West

紹介

「人魚」伝説は古くから世界各地で言い伝えられている。

ヨーロッパでは、人魚は上半身が人間で、下半身が魚という姿で語られてきた。よく知られているのは、「マーメイド」と呼ばれる若い女性の人魚である。

有名なドイツのローレライの伝説では、ローレライと呼ばれる人魚は、ライン川を通行する舟に美しい声で歌いかける。そして、その歌声を聞いたものは、美声に聞き惚れて、舟の舵を誤り、転覆してしまうという。

アンデルセン童話の「人魚姫」や、それを原作とするディズニー映画の『リトル・マーメイド』など、人魚は今でも人気の存在である。

正体

古くから上半身が人間で、下半身が魚という人魚の伝説は、神話の時代から世界で言い伝えられていた。

これは、アザラシなどの海獣類がモデルになっていると言われている。確かにアザラシの顔は人間のようにも見える。

昔は、地上に人間がいるように、海中には人魚の世界があると信じられていた。そして、船の遭難や難破は、こうした人魚たちの仕業であると考えられていた。人魚は人々の海に対する

ジュゴン

恐れから生み出されたのである。

やがて時代が移るにつれ、「人魚は本当は実在しないのではないか」と考えられるようになった。ところが、大航海時代となり、人々が未知の海に漕ぎ出るようになると、世界の海のどこかには、未知の生き物や怪物がいると信じるようになった。そして、船乗りたちも世界で見聞きした話を、誇張したり吹聴したりして、広めていったのである。

人々は人魚もまた、世界の海のどこかにいるはずだと信じて、その姿を求めた。こうした中でジュゴンを目にした場合、本当にそう信じたのか、意図的に誇張したのかは知らないが、「人魚を発見した」と主張したのである。

そして、ジュゴンの姿は、まるで美しい人魚のようにデフォルメされて、伝えられていった。それが、人魚の正体なのである。

水族館でジュゴンを見れば、人魚とジュゴンとは似ても似つかない。もっとも船乗りたちは、水族館のようにジュゴンを間近で観察することはできない。もやの先に見えるジュゴンの姿を人魚と見間違えたとしても、何ら不思議はない。

しかもジュゴンは、背中には、「血洞毛」と呼ばれる感覚毛が生えていて、色が濃く見える。これが、女性の長い髪の毛のように見えるのだ。さらにジュゴンは、乳首がひれの脇にあるため、乳首の位置が人間に近い。そのため、ジュゴンは子どもを抱きかかえて授乳する。その姿が、また女性の人魚を連想させたとも言われている。

他にも、人魚によく似た生物にシロイルカがいる。

シロイルカの長くてスマートな体型は、まさに人魚を思わせる。さらに、シロイルカには、脇腹に贅肉がある。この贅肉は、体が回転しないように安定させる役割があると言われている。この贅肉が、まるで生えかけた人間の脚のように見えるのである。

日本の人魚
Japanese Mermaids

紹介

「人魚」というと、上半身が人間で下半身が魚の姿をしたヨーロッパの人魚を思い浮かべるだろう。江戸時代になると日本でも、このヨーロッパに伝わる人魚の姿が広まったが、それ以前から日本にも人魚の伝説はあった。ただし、日本の人魚は、人間の顔をした魚という、人面魚や半漁人のような姿で語られる。

その姿は、肌は白く、髪は赤いと言われている。

そして、人を呪う恐ろしい存在とも、吉兆を知らせる存在であるとも言い伝えられている。また、人魚の肉を食べると、不老不死となり三〇〇〇歳まで生きられると伝えられている。何とも不思議な生き物なのだ。

正体

日本の人魚のモチーフとされる魚にリュウグウノツカイがいる。この名前は「竜宮の使い」の意味である。

その姿は細長く、大きいものでは一〇メートルを超える。

深海に棲むため、その姿はめったに見ることができない。現代でも、姿を現しただけで、ニュースになるような珍しい存在だ。

リュウグウノツカイは、たてがみのような赤い背びれを持つ。そして、縦に体を立てて泳ぐのである。その姿は髪をなびかせて泳ぐ人魚さながらである。

この姿から、リュウグウノツカイが日本における人魚の正体とされているのである。

ところで、人魚の記載は『日本書紀』にすでに書かれている。

> 二十七年（西暦六一九年）の夏四月の己亥の朔壬寅に、近江国言さく、「蒲生河に物有り。其の形人の如し」ともうす。
>
> 秋七月に、摂津国に漁父有りて、あみを堀江に沈けり。物有りてあみに入る。其の形児の如し。魚にも非ず、人にも非ず、名けむ所を知らず。

つまり夏に滋賀県の蒲生川で人の形のようなものが見つかり、秋には摂津の国（現在の大阪府北中部と兵庫県南東部）の人工の川で魚でも人でもないものが見つかったというのだ。どちらも川で見つかっていることから、博物学者の荒俣宏氏は、この正体をオオサンショウウオではないかと指摘している。それにしても、一年の間に二回も人魚が見つかっているのがすごい。

現代でも、人面魚が話題になると、各地で人面魚の目撃が相次ぎ、空からおたまじゃくしが落ちてくるという怪奇現象があると、同じような現象が続くことがある。

おそらく、この年は、人魚でそれが起きたのだろう。

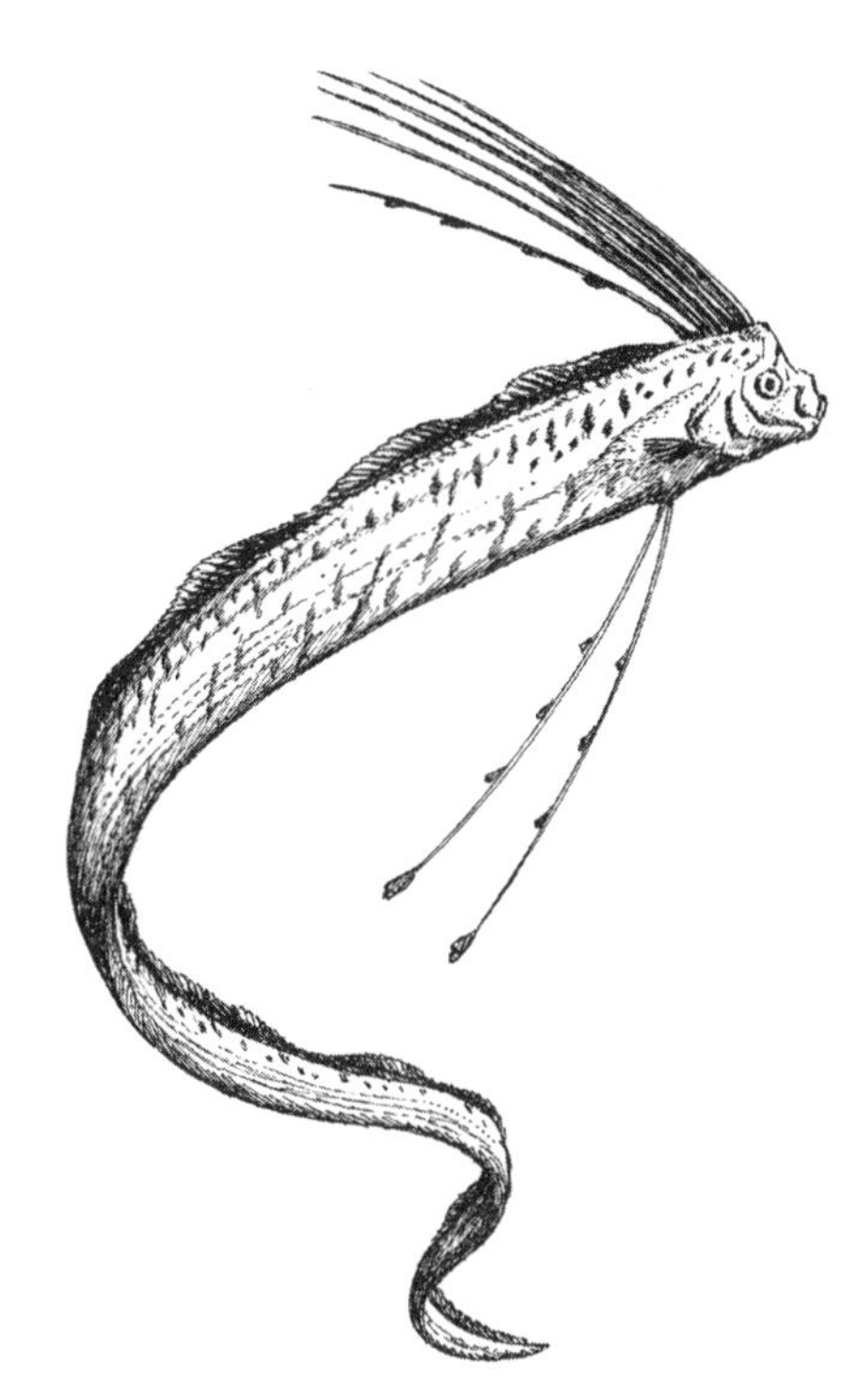

リュウグウノツカイ

クラーケン
Kraken

紹介

「クラーケン」はノルウェーからアイルランドにかけての海に現れる北欧の怪物である。その姿は巨大なタコやイカに似ている。

生物の分類方法の基礎を築いた十八世紀の博物学者リンネは、クラーケンをタコやイカと同じ頭足類に分類している。科学の世界でも、クラーケンは実在する生き物であると考えられていたのだ。

正体

海には、まだまだ我々の知らない生物がいる。

海に棲む巨大なダイオウイカの体長は、二〇メートルを超える。生きたダイオウイカの映像が捉えられたのは、二十一世紀になってからのことである。まったく謎に包まれているのだ。三〇メートルを超える個体がいたとしても何ら不思議はないとされている。

ダイオウイカの他にも巨大なイカがいる。ダイオウホウズキイカの体長は二〇メートルに満たないが、足を除く胴体の部分では、ダイオウイカをはるかに凌ぐ大きさを持っている。目撃例が少ないが、二〇メートルを超える個体がいたとしても不思議ではないし、巨大な子どもの個体が発見されていることから、ダイオウイカよりも巨大である可能性も指摘されている。

クラーケンは巨大な目をギラギラと光らせると言われている。

ダイオウイカやダイオウホウズキイカは、三〇センチを超えるような巨大な目玉を持っている。船の上から、そんな巨大な目玉を目撃すれば、船乗りたちの恐怖は相当のものだったことだろう。

ダイオウイカのような巨大なイカが、クラーケンの正体であると考えられている。

ところが、である。

そんな巨大なイカにも天敵がいるというから、海は広い。

巨大なイカをエサにしているのは、マッコウクジラである。しかし、巨大なイカを捕食するのは簡単ではない。マッコウクジラの体には、イカのかぎ爪にやられたと推察される傷が見つかることがある。巨大なイカをエサにしているとはいっても、マッコウクジラは大きいものでも二〇メートル程度だから、巨大なイカと比べて、大きくはない。イカも大暴れをして抵抗をする。

クラーケンは、海鳴りを轟かせて船乗りたちを海底へと引きずり込むと言われている。また、クラーケンは蒸気や水を吹き出すとも言われている。

この描写はマッコウクジラを思わせる。ダイオウイカとマッコウクジラが絡み合いながら戦う姿は、まさに謎の怪物のように思われたことだろう。そんな巨大な生物どうしの戦いに巻き込まれれば、昔の船はひとたまりもなかったはずである。

それが、クラーケンの伝説を生んだ海の怪物の正体だと考えられているのである。

ダイオウイカ

シーサーペント

Sea Serpent

紹介

「シーサーペント」は海の怪物である。

その伝承は太古の昔から神話や伝説として語り継がれている。

大航海時代になり、西洋の人々が世界の海へ漕ぎ出すようになると、そこには未知の海域や、危険な怪物に出くわすことも多かった。航海はまさに命がけだったのである。

シーサーペントは巨大なウミヘビとして語られることが多い。

一八七五年にイギリスの帆船ポーリン号の乗組員は、マッコウクジラが巨大なヘビのような生き物に巻きつかれているのを目撃した。やがて、ヘビのような生き物はマッコウクジラを水中に引き込んだと伝えられている。

正体

シーサーペントの目撃例は、さまざまである。

たとえば、巨大なウミヘビのような姿だったという話もある。

潮を噴いていたという話もある。こぶがあったという話もある。たてがみがあったという話もあれば、馬のような頭をしていたという話もある。

要は、海の真ん中で目撃した得体の知れないもの、それがシーサーペントである。

そもそも、船の上から海の中にいる生物の姿を正確に捉えることは難しい。鳴門の渦潮も橋の上から見れば渦巻きに見えるが、船で間近に近づくと、迫力ある潮の流れが見えるだけで、渦巻きの形を捉えることは難しくなる。

巨大なウミヘビの正体は、未知の巨大な魚類や爬虫類ではないかとも言われている。恐竜時代の生き残りの海竜モササウルスや、絶滅したクジラの祖先のバシロサウルスではないかという話もある。あるいは、古代サメであるメガロドンや古代の哺乳類ステラーカイギュウの生き残りという説もある。

もちろん、神秘に満ちた海だから、未知の生物が存在する可能性もある。

しかし、ここでは、すでに存在が知られている生き物の見間違えの可能性を探ってみることにしよう。

潮を噴くという特徴は、いかにもクジラである。実際にニタリクジラのような中型のクジラは細長い姿をしている。船の上から見れば、ウミヘビのような姿にも見えることだろう。

クジラは水面から顔を突き出して周辺のようすを探る「スパイホップ」という行動を行う。また、大きなヒレを水面から突き出すことがある。そのようすは、いかにもヘビの頭のように見える。

また、こぶのように見えたのは、アザラシなどの海獣の群れかもしれない。

たてがみがあるという特徴は、人魚の正体として177ページで紹介した深海魚のリュウグウノツカイを思わせる。

それでは、冒頭に紹介したポーリン号の乗組員が目撃したものは、何だったのだろう。

この正体も、クラーケンと同じ、ダイオウイカだろう。

おそらくは、マッコウクジラとダイオウイカが海面で格闘しているようすを乗組員が目撃したのである。ヘビのような生き物はダイオウイカの足であり、水中に引き込んだのはじつは、ダイオウイカを餌にするマッコウクジラの方だったはずである。

シーサーペントの子ども
Child of the Sea Serpent

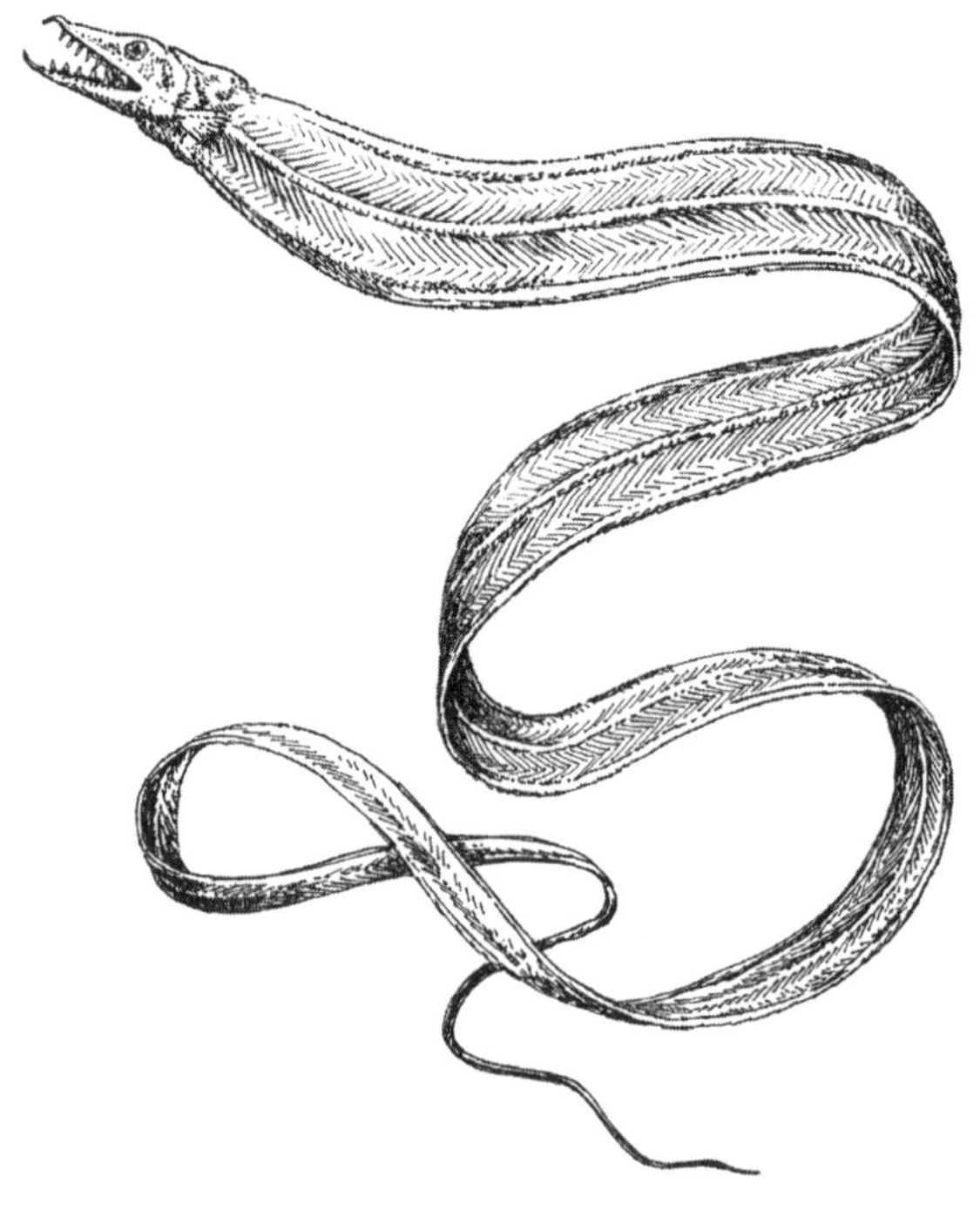

紹介

一九三〇年、南大西洋に浮かぶセント・ヘレナ島の近海で、一・八メートルにもなる巨大なレプトケファルスが捕獲された。このニュースは驚きを持って伝えられた。

レプトケファルスというのは、透明な色をしたウナギなどの魚の幼生である。卵から孵(かえ)った小さなプランクトンのような小魚は、やがてレプトケファルスへと成長する。ウナギの場合は、レプトケファルスからさらに成長を遂げたものがシラスウナギと呼ばれる形態だ。シラスウナギは体長わずか五〜六センチ。レプトケファルスは、それよりも前の段階だから、魚の成長にとって本当に初期のステージなのである。

ウナギの場合は、レプトケファルスはおよそ十八倍の大きさになる。

捕獲された巨大なレプトケファルスは、一・八メートルだから、単純に十八倍すれば、三十メートルを超える大きさになる。この広い海のどこかに、成長したどでかい成魚が生息しているはずなのだ。

三〇メートルを超えるような巨大なウナギのような生物がいるとすれば、それこそが、古くから船乗りたちを恐れさせてきたシーサーペントの正体なのではないだろうか。

正体

この巨大なレプトケファルスの正体は長い間、謎に包まれていた。

ところが、巨大なレプトケファルスが発見されてから三〇年が経った一九六〇年代になって、

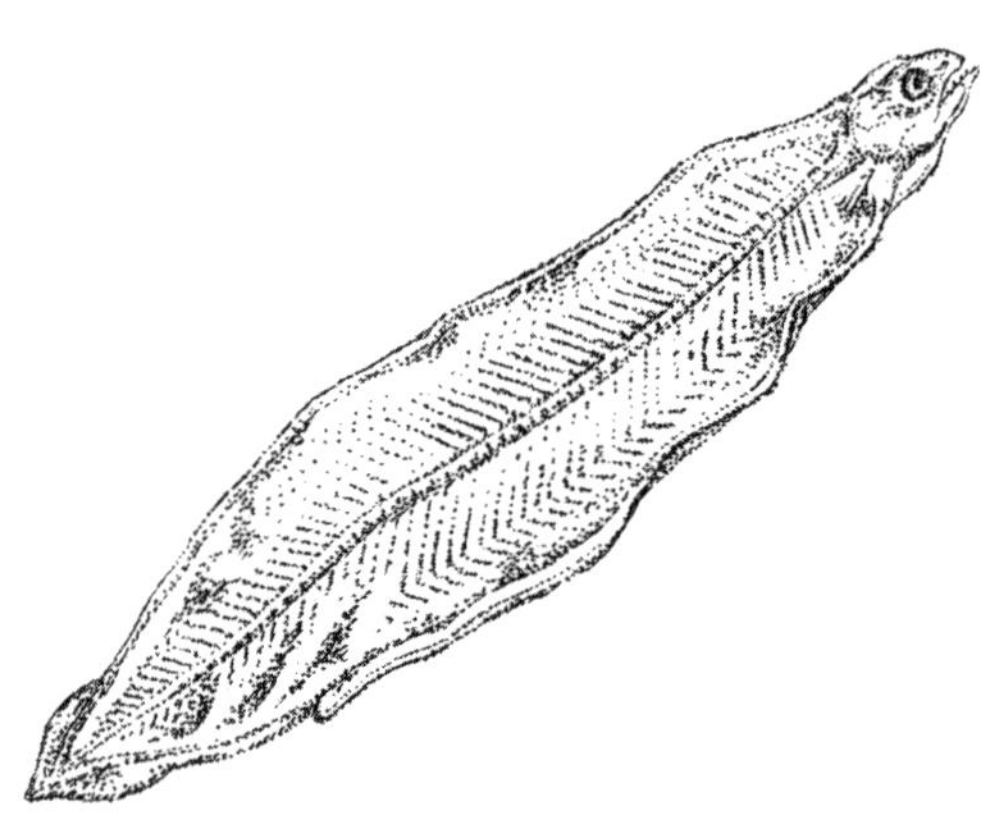

レプトケファルス

ある発見があった。

じつは、変態途中の巨大なレプトケファルスが発見されたのである。その個体を調べた結果、巨大なレプトケファルスは、ソコギス亜目に分類される魚類の幼生である可能性を示していたのである。

ウナギが属するウナギ目は、幼生であるレプトケファルスから成魚になるまでに体が大きく成長する。ところが、ソコギス亜目の魚類はレプトケファルス期に成体サイズまで成長し、その後はほとんど大きくならないのである。

つまり、巨大なレプトケファルスがさらに巨大なウナギに成長を遂げるわけではなく、そのサイズの魚にしかならないことがわかったのである。

その後の研究により、レプトケファルス期はカライワシ類も有することが明らかとなり、発見された巨大なレプトケファルスは、カライワシ上目という分類群の魚類であることが明らかとなっている。

怪鳥ロック

Roc

紹介

『アラビアンナイト』には、巨大な鳥「怪鳥ロック」の話が登場する。

船乗りのシンドバッドは、とある島にひとり取り残されてしまう。

その島で彼は「空高く聳(そび)え、回りが途方もなくある白亜の大伽藍」を見つけた。間もなく大きな雲が太陽を覆い隠したので顔を上げてみると、雲かと思われたのは、「一羽の巨大な鳥」だった。そして、白亜の大伽藍に見えたものは、巨鳥の卵だったのである。

シンドバッドはこの鳥の脚に自らの身体を括りつけ、島からの脱出に成功する。

また、『東方見聞録』を書いたマルコ・ポーロも、怪鳥ロックの話を聞いた。伝説によれば、インド洋に浮かぶモグダシオ島に生息するその鳥は、ゾウを持ちあげて高く舞い上がるほどの巨大な鳥なのである。これが、怪鳥ロックである。巨大なロック鳥のヒナは象をエサにしている。そのため、怪鳥ロックの親鳥は、象を捕らえては巣に運ぶというのだ。

果たして、この鳥は実在するのだろうか。

正体

怪鳥ロックのモチーフとされている候補の一つが、すでに絶滅してしまったマダカスカルのクマタカの仲間である。この鳥はキツネザルを捕らえてエサにするほどの大きさだったという。このクマタカの仲間は、人間がマダカスカルに定住を始めた西暦一〇〇〇年以前に絶滅してしまったとされている。

古代には巨大な鳥が確かに存在した。ニュージーランドの南部に生息していたハーストイーグルは翼を広げると二・五メートルにもなる巨大なワシである。すでに絶滅してしまったニュージーランドの巨大な鳥にモアがいるが、この巨大なワシは、ジャイアントモアの幼鳥や小型種のモアを獲物にしていたというからすごい。しかし、エサとなるモアが絶滅し、五〇〇年ほど前に絶滅してしまったのである。

これらの鳥は巨大ではあるが、象をエサにするほど巨大ではない。

それでは、象を捕らえて飛び上がるほどの巨大な鳥の伝説は、どのようにして生まれたのだろう。

姿の見えないものに対して、人々は想像力を膨らませる。

逃がした魚は大きいというが、釣り上げることなく逃がした魚は、思いのほか大きな魚に思える。そのうちに、もしかするとあの魚影は、巨大な魚だったのではないかと思えたりするのだ。

それが人間なのである。

昔、船乗りたちはさまざまな場所に出掛けていっては、珍しい物を見たり、珍しい話を聞い

エピオルニス

た。そして、それを酒場で自慢し合うのである。当然、船乗りたちは、話を面白おかしく、そして誇張したことだろう。

船乗りたちがたどりついたある場所で、彼らは巨大な卵を目撃した。現地では、この巨大な卵が、水瓶がわりに使われていたらしい。

この巨大な卵を見たとき、船乗りたちは、どんな鳥を想像しただろう。

『アラビアンナイト』で語られた白亜の大伽藍とは、巨大な卵であった。物語ほどの巨大さはないが、この卵は、高さが三〇センチを超える。世界で最大の鳥であるダチョウの卵の高さが一七センチ程度だから、およそ倍ほどの大きさがある。

卵の重さは、ダチョウの卵の八倍もある。ニワトリの卵と比べれば、およそ二〇〇倍もの大きさだ。

この卵の主が、エピオルニス・マクシムス（以下、エピオルニスとする）である。

エピオルニスは、かつてマダガスカル島に生息していた巨大な鳥である。マルコ・ポーロの記したインド洋に浮かぶモグダシオ島は、マダガスカル島のことなのである。

とは言っても、エピオルニスは、ダチョウに似た飛べない鳥である。

この鳥は、十七世紀までは生存していたが、その後、絶滅してしまったと言われている。ヨーロッパ人たちが頻繁にマダカスカル島に訪れるようになった時代には、エピオルニスはすでに絶滅していたと考えられているが、十九世紀まで生存していたという説もある。また、日本でも古くからの土器や水瓶が時代を超えて使われているように、エピオルニスは絶滅していても、卵で作った水瓶が利用されつづけていたかもしれない。

エピオルニスは巨大な鳥だが、高さは三～三・五メートルほどである。現在、地上で最大の鳥であるダチョウの高さが、二～二・五メートルほどであるから、エピオルニスはダチョウよりも大きい。

しかし、それにもまして卵が巨大である。

じつは、マダカスカル島のような島では、天敵が少ないため、身を守るためのエネルギーを節約して、その分を卵に振り分けることができる。そのため、大きな卵を産むことができたのだ。同じ島の環境であるニュージーランドに棲むキーウィは、ニワトリほどの大きさだが、自分の体の二割ほどもある巨大な卵を産む。同じようにエピオルニスは、ダチョウなどと比較しても、自分の体に対して大きな卵を産むことができたのだ。

こうして、巨大な鳥が、さらに体に対して巨大な卵を産むことによって、船乗りたちを驚かせるほどの巨大な卵が存在することになったのだ。

エピオルニスは、英語では、「エレファント・バード（象鳥）」という。

これは象のように大きい鳥という意味である。

この象鳥は、アラビアの商人によって人から人へと言い伝えられていった。そして、いつしか象を持ち上げて飛ぶ鳥と言い伝えられたのかもしれない。

日本を黄金の国と紹介したことで知られるマルコ・ポーロの旅行記によると、元の皇帝フビライはマダガスカルに家来を派遣し、ダチョウの卵の何倍もある大きさの卵と長さ一・八メートルもの羽を持ち帰らせたという。

この卵はエピオルニスのものであった。しかし、エピオルニスは飛ばない鳥である。一・八メートルもの羽というのは大きすぎる。こちらの方は実際には羽ではなく、マダガスカルに生えるヤシの葉だったと言われている。

髪切り
Kamikiri

紹介

江戸時代のことである。

結っていた女性の髪が、知らぬ間に切り落とされるという怪奇な事件が次々に起こった。夜中に歩いていると、いきなり髪が切られてしまうのだ。あるいは、寝ている間に髪が切られてしまう。何しろ、髪は女性の命とされていた時代のことである。

その犯人は姿や形が見えない。狐や狸の仕業ではないかとも言われたが、正体はまったくの不明である。

人々は誰ともなしに、それを「髪切り虫」という虫のせいだと口々に噂したのである。

正体

事件は謎に包まれている。変質者の仕業とも、自作自演とも言われているし、かつらや守り札を売るために仕組まれたとも、さまざまな噂があるが、その真相は不明である。正体がわからないというものは、どうにも気持ちの悪いものである。人々は原因のわからない出来事を理解するために、天狗や河童の仕業だとか、妖怪を悪者にした。そして、この事件を「髪切り」

という妖怪のせいだと言って納得しようとしたのである。そして人々は、髪を断ち切るほどの鋭い顎をもつ虫が、その正体であるに違いないと濡れ衣を着せたのである。それがカミキリムシである。

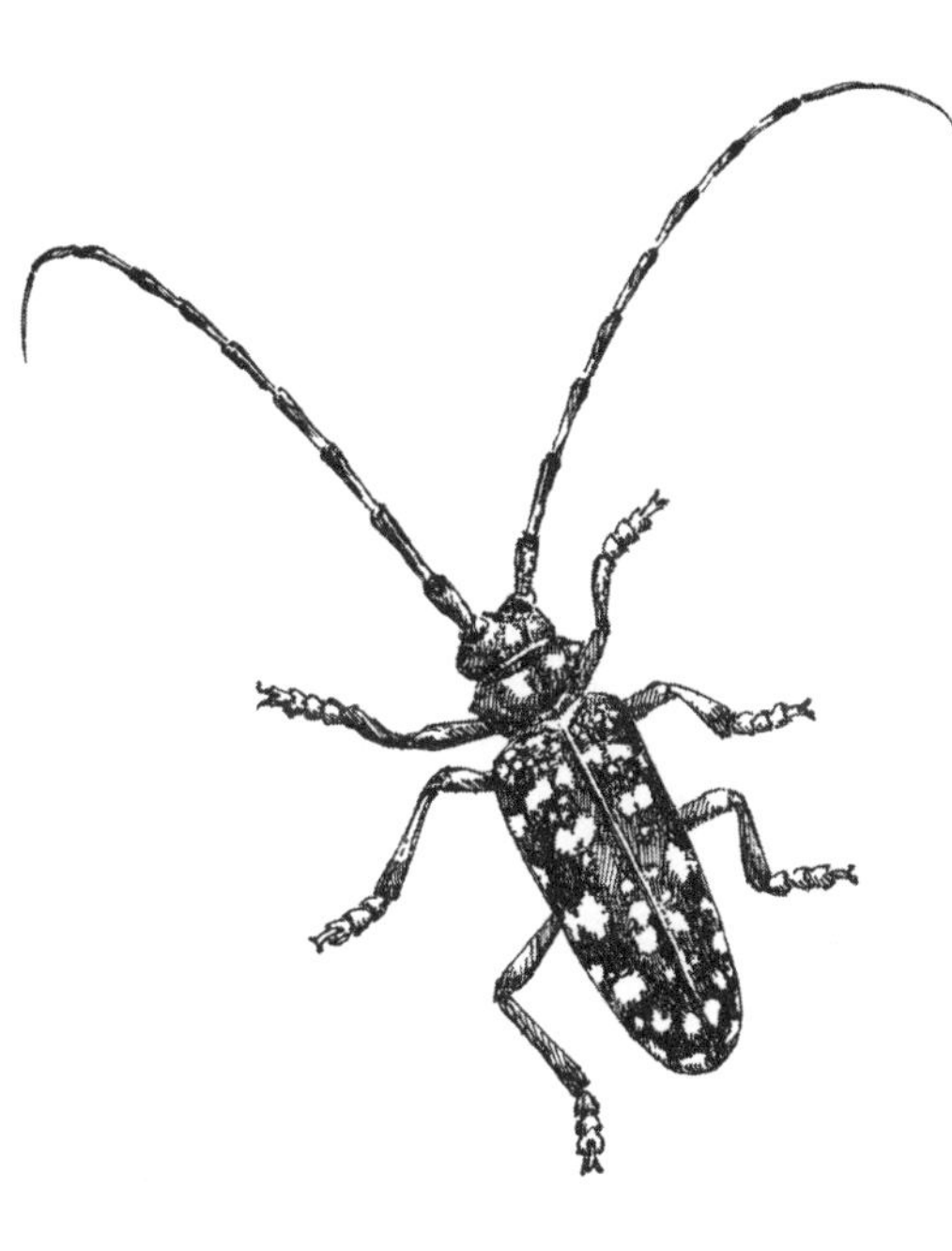

カミキリムシ

カミキリムシは漢字では、「紙切り虫」や「嚙み切り虫」ではなく、「髪切り虫」と書くのが正しい。

髪切り事件の冤罪を着せられたカミキリムシだが、もちろん、カミキリムシが勝手に人間の髪を切るようなことはない。

カミキリ虫の鋭い顎は、樹皮を嚙み砕いて食べるためのものである。

カミキリムシが丈夫な顎で木に傷をつけると、樹液が出てくる。この食い痕が、さまざまな昆虫が樹液を吸いにくる森のレストランとなるのである。子どもたちに人気のカブトムシやクワガタムシは樹液を餌にしているが、カブトムシやクワガタムシがどんなに頑張っても樹木に傷をつけることはできない。これらの昆虫が雑木林で暮らしていくためには、カミキリムシはなくてはならない存在なのである。

カミキリムシが髪を切ることはないが、この鋭い顎が、人の髪を切るとイメージさせたのである。

お菊虫

Okiku-mushi

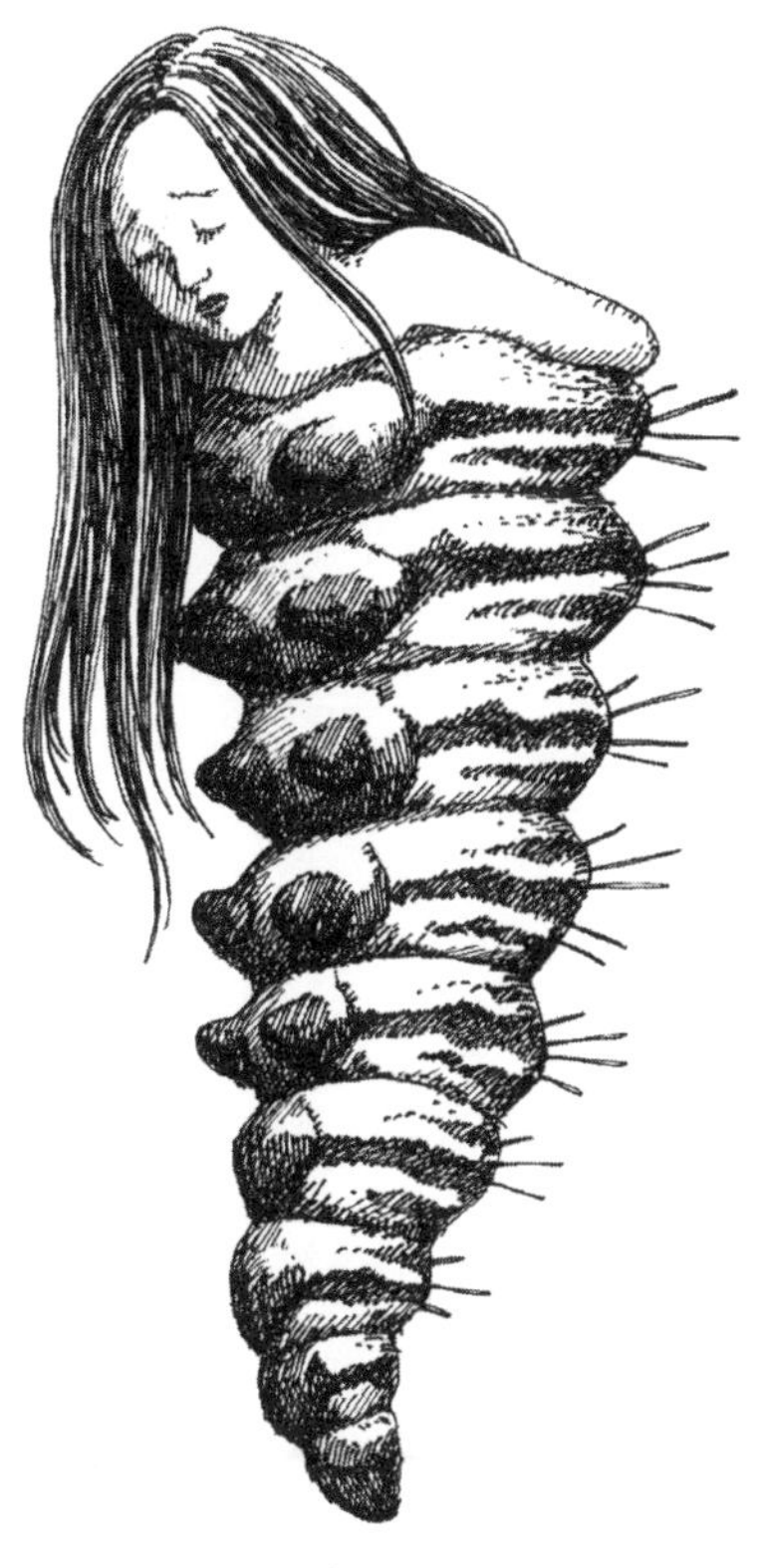

紹介

「皿屋敷」という有名な怪談がある。

弾四郎は主人が大切にしていた十枚の皿のうち、一枚を隠す。そして、お菊という女性に皿をなくした罪をかぶせてしまう。

お菊がお家の事情を探っていたとも、弾四郎がお菊に惚れていたとも言われている。

そして、お菊は屋敷の松の木に縛り付けられ、折檻された後、惨殺されて井戸へと投げ込まれてしまったのである。

やがて、井戸の中から夜な夜な「いちまーい、にまーい、さんまーい……」と皿を数える不気味な声が聞こえるようになったという。

ところが、話はそれだけでは終わらなかった。

事件から三〇〇年経ってから、その井戸には、後ろ手に縛られた人の姿をした虫が大量発生するようになった。それがお菊虫である。

正体

かつて人々に災いをもたらす害虫の発生は、怨念が原因であると考えられていた。

たとえば、山梨県には平四郎虫と呼ばれる虫がいる。その昔、土蔵の宝物が盗まれるという事件が起きた。土蔵には小さな穴が空いていたが、どのようにして土蔵に入り込んだのか誰もわからない。それを見ていた知恵者の平四郎は、「こうすれば入れる」とゴザを穴にあてがって、体を滑らせると土蔵の中に潜り込んだ。すると、それができるということは、犯人に違いないと無実の罪で死刑にされてしまった。平四郎の死後、悪臭を放ち、作物を枯らす虫が現われるようになった。そして、人々はこの虫を平四郎の怨霊であると恐れたのである。

この平四郎虫の正体は、作物の害虫であるカメムシである。

あるいは、福井県には善徳虫と呼ばれる虫がいる。善徳虫は、金を奪う目的で殺された僧侶の霊と言われている。この善徳虫は、イネの害虫であるクロカメムシである。

さて、お菊さんの怨霊とされているお菊虫には、常元虫（じょうげんむし）という別名もある。

かつて悪事を繰り返していた浪人が、改心して常元という僧侶となった。ところが、過去の悪行から捕えられ、木に後ろ手に縛られた後に、斬罪に処されてしまったのである。やがて彼の遺体が埋められた木には、奇妙な虫が発生するようになった。これが常元虫なのである。

お菊虫や常元虫の正体はジャコウアゲハのさなぎである。ジャコウアゲハは、糸でさなぎを固定するが、その姿は後ろ手に縛られた人がうつむいているように見える。そのため、そのようにして殺された人の怨霊とされたのである。

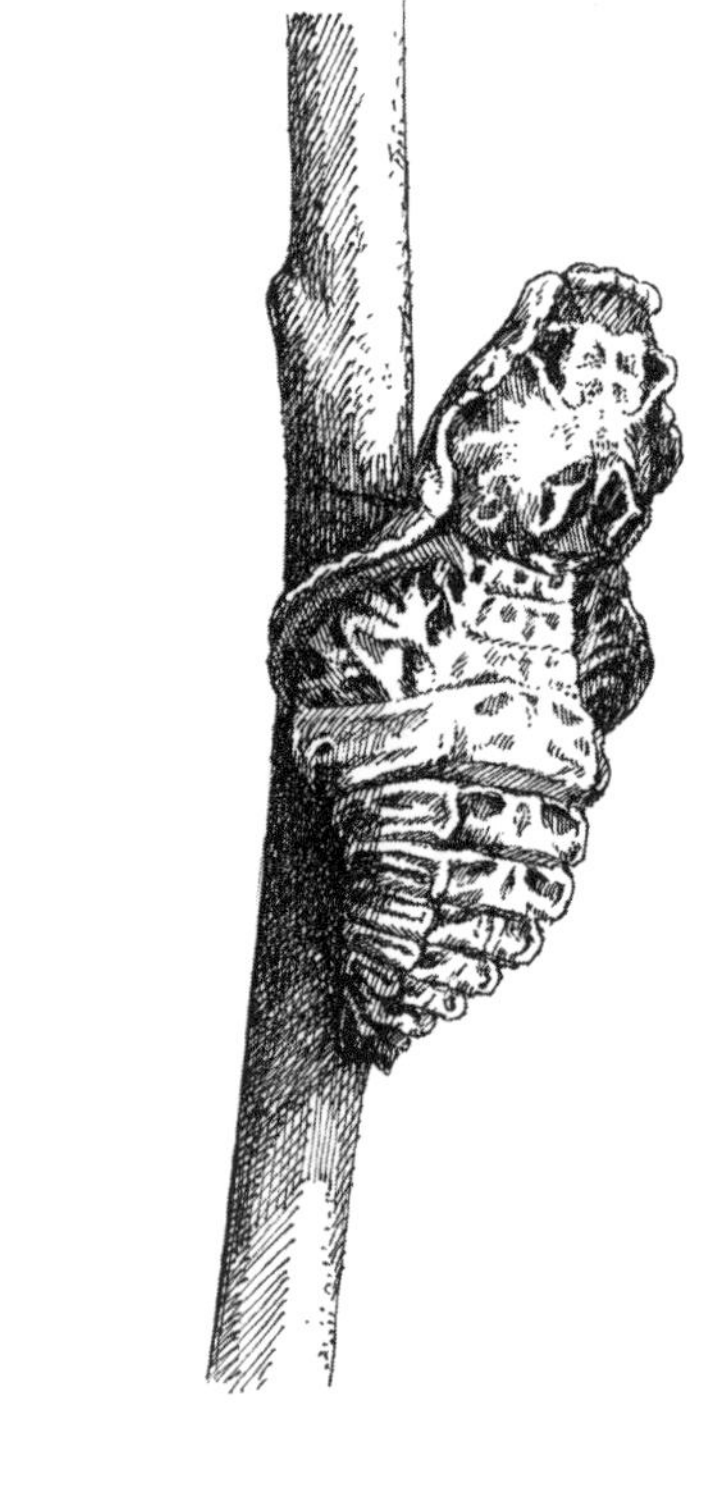

ジャコウアゲハのさなぎ

虫は気候条件によって大量発生する年がある。

じつは江戸時代の寛政七年（一七九五年）には、ジャコウアゲハのさなぎが大量発生したという。その出来事から、人々はさまざまな物語に結びつけたのかもしれない。

お菊さんが投げ込まれた井戸が残る姫路城では、戦前まではこのジャコウアゲハのさなぎがお土産として売られていたというから、怨念まで商売にしてしまうのだ。

ツツガムシ

Tsutsugamushi

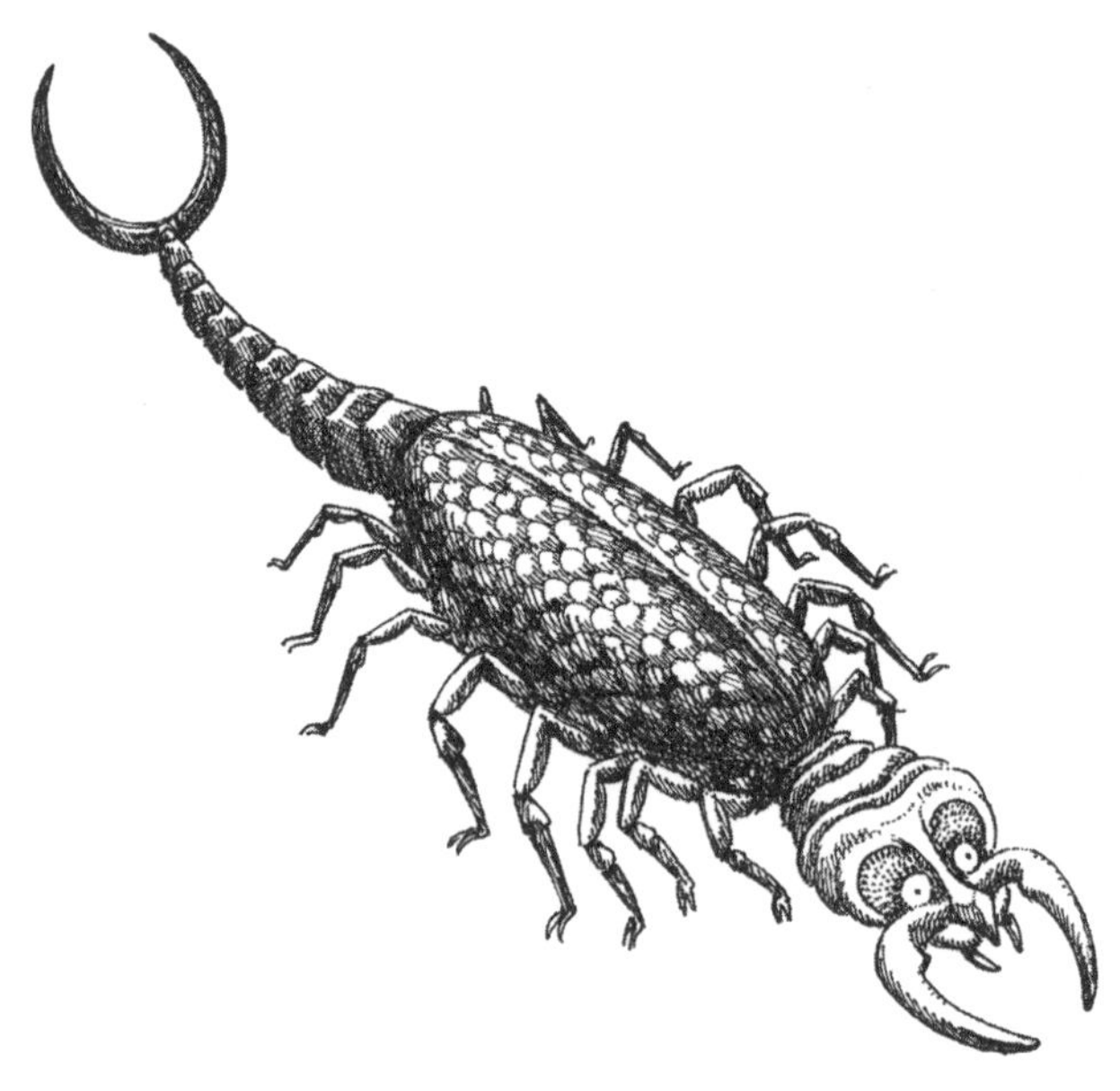

紹介

よく「つつがなくお元気ですか?」という言い方をする。

この「つつが」には病気や災いという意味がある。この「つつが」をもたらす妖怪とされたのが、「ツツガムシ」である。ツツガムシは生き血をすすり人々を死に至らしめる祟り神として恐れられてきた。

山中を歩いていると、突然、何かに取り憑かれたかのように高熱を出す。やがて、その人はブルブルと震えだし、ついには死んでしまう。この恐ろしい病の原因とされてきたのが、ツツガムシである。

ツツガムシは、人間を刺し殺す蟲として、恐れられてきたのだ。

正体

かつて人智の及ばない不思議な自然現象は、怨霊や妖怪の仕業と考えられていた。

中でも恐れられていたのが、疫病である。現在では、その原因は細菌やウイルスなどの病原体の仕業であると科学的に明らかにされているが、顕微鏡のない昔は、伝染病は恐ろしい存在だった。何しろ、人がバタバタと病に倒れて死んでいくのだ。そして、いつ自分が同じ目に遭うかもわからない。

もっとも、科学が発達した現在であっても、伝染病の恐怖は何一つ変わっていない。顕微鏡では見ることができる病原体も、肉眼ではまったく見ることができない。どこにあるかもわからないし、誰の体に潜伏しているかもわからないのだ。

昔は、目に見えない病気の原因は、蟲であるとされていた。今でもお腹が鳴ると「腹の虫が鳴く」という。体の中にはさまざまな蟲が棲んでいて、それらが悪さをすることが病気の原因とされたのだ。

そして、山中で高熱を出す「つつが」という病の原因とされたのが、ツツガムシである。

現在では、ツツガムシの正体はダニの一種であることがわかっている。昔からの呼び名にちなんで、このダニも「ツツガムシ」と呼ばれている。

ダニは肉眼でも見ることができるので、戦国時代から江戸時代頃になると、ツツガムシの正体は、肌を刺す小さな虫であることが明らかにされてきた。

ツツガムシはリケッチアという病原菌を媒介するので、刺されると、発熱や発疹などの症状が出る。

ツツガムシは、秋から春が活動期である。卵から孵った幼虫は野生動物に取り付いて寄生する。そして豊富な栄養分を得た後は、動物の体を離れて、昆虫の卵などを食べて成虫になるのである。

人間にとりついた場合は、体の上を動き回り、やわらかな場所に口を刺す。そして、人間の

ダニ

組織を消化しながら吸うのである。このとき、ツツガムシの体内にいた病原菌が、人間の体に感染するのだ。

ちなみに、霊柩車を見るときに親指を隠す風習がある。古来、疫病や邪悪なものは親指から入ってくると言われ、親指を中に握るまじないが古くから行われてきた。

ツツガムシは指の間など、やわらかい部分から感染する。魔よけのまじないが指を隠すのは、もともとはツツガムシの「つつが」を避けるための知恵だったのではないかとも言われている。

バロメッツ

Barometz

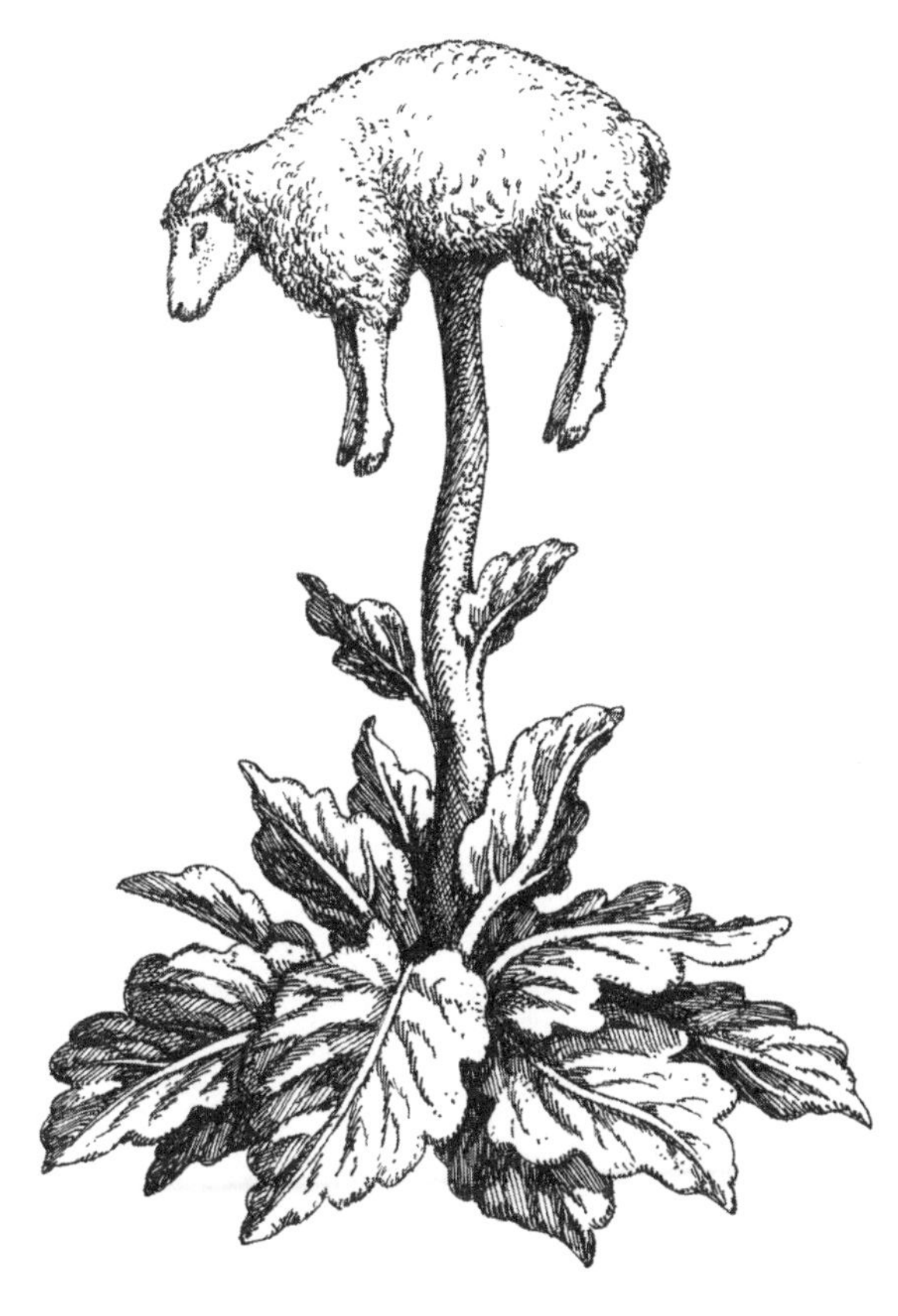

紹介

「バロメッツ」は、ヒツジの成る木である。

バロメッツの実を割ると、中には子羊が入っている。実を収穫せずに置いておくと、実は熟し、中からヒツジが顔を出す。そして、そのヒツジが木のまわりの草を食べはじめるというのである。

そんな不思議な木の伝説が、ヨーロッパでは語り継がれている。こんな木が実在するのだろうか。

正体

冷涼な気候のヨーロッパは植物の種類が少ない。そのため有史以来、ヨーロッパの人々にとって、衣服は動物の毛皮や鳥の羽毛など、生きている動物から得られるものであった。

中でもヒツジは、良質な羊毛を得ることができるため、古くから家畜として飼育されていったのである。時代が進んでも、ヨーロッパの人々にとって、衣服に用いられるものは毛織物であった。

ところが、やがて中世になると、アジアから、軽くて暖かい不思議な繊維がもたらされる。しかも、何より人々を驚かせたのは、この繊維が植物から取られるということであった。

綿

繊維が取れる植物とはいったい、どのようなものなのだろうか。ヒツジしか知らない人々が想像したのが、ヒツジの成る木「バロメッツ」だったのである。

この不思議な植物とはワタである。

ワタは植物学的には大きく四つの種類に分けられるが、そのうちの二種がインドの原産である。そして、インダス文明以降、ワタ栽培の綿織物による木綿産業は、インドの主要な産業だったのである。

「綿」はワタの実から採取される。ワタの実は種子を守るために、やわらかな繊維で種子をくるんでいる。このやわらかな繊維が「綿」となるのである。しかし、ヨーロッパの人々にとって、実が割れて、中から羊毛のような繊維が出てくる植物など、想像しようもなかったのである。

やがて、インドからもたらされる綿布を大量生産するために、イギリスでは工業が発達し、ついには産業革命をもたらす。そして、ワタの生産地であるインドは、イギリスの植民地支配を受けるようになってしまうのである。

マンドレイク
Mandrake

紹介

「マンドレイク（マンドラゴラ）」は、古くからその伝説が語り継がれてきた植物である。

マンドレイクは歩く植物である。地中から這い出てきて、二股に分かれた足のような根っこを使って歩き回る。その姿はとても恐ろしく、そしてとても醜いと言われている。

マンドレイクの特徴として知られているものに、「悲鳴」がある。

シェークスピアの『ロミオとジュリエット』でも、「大地から引き抜かれるマンドレイクのごとき金切り声。生ける者がそれを聞けば気が狂い」と描写されている。

シェークスピアが記したとおり、マンドレイクを引き抜くと、マンドレイクはこの世のものとも思えないような恐ろしい悲鳴を上げる。そして、その悲鳴を聞いた者は、死んでしまうというのである。

映画『ハリー・ポッター』にも登場したマンドレイクは、古くから魔女や魔法使いが魔法に使ったり、錬金術師が魔術に利用したりしたという。

また、このマンドレイクは、高価な薬草としても取引されている。それでは、このマンドレイクは、どのようにして採取されるのだろうか。

その方法が恐ろしい。

飼い慣らした犬をマンドレイクに縛り付ける。そして、人間が犬を呼ぶと、犬は人間のところに駆け寄ろうとして、マンドレイクを引き抜くというのである。もちろん、悲鳴を聞いた犬は死んでしまう。そして、犬を身代わりにすることによって、人間はマンドレイクを手にするのである。

マンドレイクも恐ろしいが、欲にまみれた人間も、何ともおぞましいものである。

正体

マンドレイクは実在する植物である。

もちろん、歩き回ることもなければ、悲鳴を上げることもない。

伝説にありがちな話だが、声を聞くと死んでしまうという話を、誰がどのように伝えたのかは、まったくの謎である。

朝鮮人参は、根っこが人間の姿に見えることから「人参」と名付けられた。ちなみに、現在私たちが「人参」と呼んでいる野菜は、朝鮮人参に似ていて、葉がセリに似ていることから、セリニンジンと呼ばれていたものが、略されたものである。

マンドレイクも、朝鮮人参と同じように、根っこの形が複雑で人間の形に見える。そのため、土の中に人の形をしたものが埋まっていると言われているのである。

マンドレイクは毒草だが、古くから薬草としても利用されていた。

当時、薬草の知識を持ち、薬を扱っていた人々は魔女や魔法使いと呼ばれた。彼らは森に住

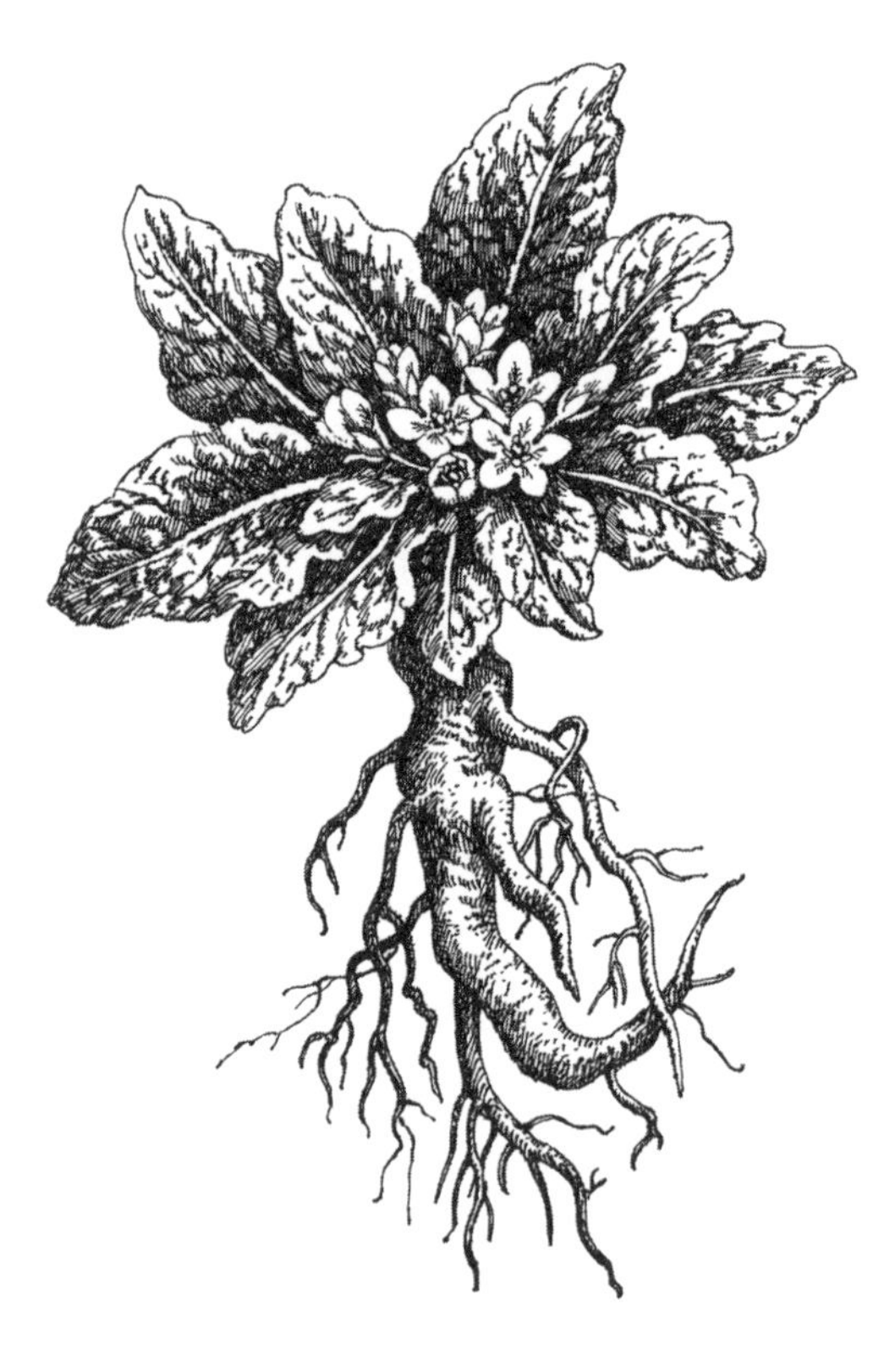

マンドレイク

み、薬草を採取して暮らしていたのである。

「マンドレイクを抜くと死んでしまう」という風説は、薬草を生業（なりわい）としていた彼らが、貴重な薬草であるマンドレイクを盗掘から守るために広めた話であるとも言われている。

また、犬を使った採取法は、マンドレイクの値段を上げるためのものだとも言われている。マンドレイクを高く取引するために、それを証明するための証拠として死んだ犬をつけて売られることもあったという。

人間の欲望は妖怪よりもおぞましいものかもしれない。

チュパカブラ
Chupacabra

紹介

一九九五年、カリブ海のプエルトリコで奇妙な家畜の死体が発見された。

ヒツジの首筋にキバの痕のような深い穴が空けられたまま殺されていたのだ。辺りには血の跡はなく、体中の血が抜かれているようだった。

野犬の仕業であれば、食い荒らされているはずなのに、首筋に血を吸ったような痕がある他には、外傷は認められないのだ。

「チュパカブラ」というのは、現地の言葉で「ヤギの血を吸うもの」という意味である。

その後、似たような事件は相次ぎ、ヤギだけでなく、ヒツジやニワトリなど、さまざまな家畜に被害は拡大していった。

やがて、被害はプエルトリコだけではなく、世界各地へと広がっていく。

チュパカブラの正体は何なのだろう。

その正体は地球外から来た生物であるとも、遺伝子操作により創り出された生物兵器が逃げ出したものであるとも推察されている。

正体

謎の死体を残したチュパカブラの正体の多くは、野犬であると言われている。

もちろん、野犬が血を吸ってしまうわけではない。

チュカパプラに襲われた家畜の死体を詳細に調べてみると、それらは血を吸われていたわけではなかった。血液中のヘモグロビンが損傷し、血液は透明な液体のようになって目立たなくなっていたのである。

そして、キバの痕を調査したところ、その多くが野犬に襲われた痕だったのである。

野犬は、エサにするわけではなく、ヤギやヒツジを襲い殺すことがある。すると嚙み痕だけが残り、外傷のない死体が残されたというのだ。

他にもチュカパプラの正体であるとされている動物がいる。

サルの一種、マンドリルである。

マンドリルは、主に果実などをエサにするが、雑食性で小動物を襲うこともある。

マンドリルは五センチメートルにもなる長く鋭いキバを持ち、攻撃性が強い。もともとは森林に棲んでいるが、エサがないと農場に出没して家畜を襲うこともある。

マンドリルはもともとアフリカ大陸に棲む野生のサルであるが、違法に持ち込まれた個体がペットショップから逃げ出し、外来種としてプエルトリコに棲みついていた。
それが、チュパカブラが話題になった一九九〇年代なのである。

マンドリル

ただし、チュパカブラは、マンドリルの容姿とは思えないような目撃例も多くある。

この目撃例は、コヨーテの見間違いではないかと言われているが、チュパカブラとコヨーテとは見た目が違いすぎる。

じつは野犬やオオカミ、コヨーテなどのイヌ科の動物は疥癬症状の個体が観察されることがある。特にコヨーテの疥癬の症状は重症化しやすく、毛が抜け落ち皮膚がしわしわになってしまう。そして、疥癬で弱ったコヨーテは、野生の獲物を狩ることができないので、家畜を狙って牧場に現れる。この奇怪な姿が、「四足歩行のチュパカブラ」として目撃されたのではないかと考えられるのである。

もっとも、「二足歩行のチュパカブラ」の目撃例もある。これは、アカゲザルの見間違えではないかと言われている。

アカゲザルは、ニホンザルによく似たサルであり、インドからインドネシアに掛けて分布している。実験動物として利用されており、日本でも逃げ出して野生化している。チュパカブラが目撃されるプエルトリコでもアカゲザルが実験動物としてよく用いられていたことから、アカゲザルが逃げ出したのではないかと考えられるのだ。

日本にはニホンザルが生息しているので、私たちはサルといえば、人間によく似たニホンザルをイメージする。しかし、欧米にはもともとサルが分布していないことから、欧米人にとってサルといえば、ジャングルにいるような、いかにも動物らしいサルである。そんな彼らが人間の姿によく似た見慣れないアカゲザルを目撃して、チュパカブラの伝説に結びつけたのではないかと考えられるのである。

しかし、もしかすると……生体実験で人工的に作り出されたミュータントのアカゲザルが、研究施設を脱走して人間に復讐をしているのかもしれない。

ツチノコ
Tsuchinoko

紹介

「ツチノコ」は「槌の子」の意味である。

槌は、木槌や金槌のように物を打ち付ける道具である。もっとも昔は、現在のようなハンマーではなく、丸太に柄をつけた横槌が使われていた。

ツチノコは、この横槌に姿が似ていると言われたのである。


ツチノコは古くは「野槌」と呼ばれている。

江戸時代の書物『和漢三才図会』では、ツチノコの姿がこう紹介されている。

「野槌蛇深山の木の穴の中に棲みつき、大きいもので直径五寸、全長三尺ほど、尾はごく短い。柄を取ったあとの槌に似た姿だから野槌蛇と名付ける」

この奇妙なヘビは、一九七〇年代には、大ブームを引き起こし、各地で捜索が行われたが、発見には至っていない。科学が進み、自然界の不思議が解き明かされていく中で、ツチノコは、現代に生きる人々にもロマンを与えてくれる未知の存在なのだ。

正体

ツチノコの正体は明らかではない。

その正体として、もっとも指摘されているのが、他の生物の見間違えである。

ツチノコは、ビール瓶のような太った形が特徴的である。ヘビはカエルやネズミなどの獲物を丸呑みするので、ヘビが何かを呑み込んだ姿がツチノコであるとされている。

あるいは、マムシは卵を産むのではなく、体の中で卵を孵し、子どもの蛇を産む卵胎生である。そのため、子どもをはらんだマムシではないかという説もある。

もちろん、数ある目撃例の中には見間違いもあることだろう。

しかし、里山に住む人たちにとって、ヘビは身近な生物であった。その人々が、ヘビを見間違えたとは考えにくい。

一九七〇年代に、UFOやネッシーなどオカルトが人気になると、ツチノコも一気にブームが到来した。それと同時に、各地でツチノコの目撃例が増えてくるようになる。マムシも見たことのない都会の人たちが、ツチノコ探しに山に乗り込んだから、その中にはマムシを見間違えたものも少なくなかっただろう。

このツチノコブームの中で、ツチノコの正体と考えられている生物の一つがアオジタトカゲ

上：アオジタトカゲ　下：マツカサトカゲ

である。アオジタトカゲはヘビではなくトカゲの仲間だが、落ち葉や草の上にいて足が見えないと、私たちがイメージするツチノコの姿によく似ている。

アオジタトカゲは、インドネシアやオーストラリアに生息するトカゲであるが、ペットとして日本に輸入されているのだ。アオジタトカゲが野生化しているという報告はないが、アオジタトカゲが輸入された木材などに混じって日本に入り込んで生息していたり、ペットとして飼われているものが逃げ出したりしたものが、目撃された可能性はある。

また、同じようにペットとして飼われているオーストラリア原産のマツカサトカゲも、足が見えなければ、かなりツチノコに酷似している。

しかし、ツチノコには奇妙な特徴がいくつもある。

たとえば、ツチノコは二〜三メートルもジャンプするとされている。マムシも獲物に飛び掛かることができるが、三〇センチメートル程度である。それだけジャンプするとなると、それらの目撃例はイタチやテンなどの動物の見間違いではないかとも言われている。

しかし、さまざまな生き物を熟知しているはずの山里の人たちが、確かに見たと言うのだから、単なる見間違いで片づけることはできない。

いまだツチノコの正体は、まったく明らかにされていないのだ。

イエティ
Yeti

紹介

一九五一年、英国の登山家シプトンらの一行が、ヒマラヤ山脈で雪の上に残る巨大な足跡を発見した。

その足跡は幅三二センチメートル、長さ四五センチメートルもの巨大なものであった。

これが「ヒマラヤの雪男」が発見された一報である。

これ以降、多くの探検隊が雪男を探しにヒマラヤに足を踏み入れた。しかし、イエティの足跡や毛などの証拠は発見できるものの、イエティの実在を明らかにするには到らなかった。その正体は未知の類人猿であるとも、絶滅した大型の類人猿、ギガントピテクスの生き残りであるとも言われている。

イエティの正体は、何なのだろうか。

正体

シプトンらが発見した足跡の正体は、ユキヒョウの足跡であるとも言われている。しかし、記録されているその足跡はユキヒョウの足跡にしては、あまりに大きい。

イエティは、ネパールの少数民族であるシェルパ族の言葉で、「イエ」が岩を意味し、「ティ」が動物を指すという。つまり、岩のような動物、あるいは岩場に棲む動物、という意味なのだ。

ヒマラヤ各地を調査した登山家の根深誠氏は、そもそも現地のシェルパ族の言葉で「イエ

ヒグマ

ティ」はヒグマを指す言葉であると指摘している。ヒグマは二本足で立ち、歩くことができる。足跡の主はヒグマだったのである。

巨大な足跡を見た探検隊が、「この足跡は何か?」と聞いたとき、現地の人々は「イエティだ」と答えた。じつは、最初からクマだと言っていたというのである。

実際に、イエティのものとされる毛や歯、骨、毛皮、排泄物などをDNA分析すると、その多くはクマの仲間のものであるとされている。

もっとも北海道のアイヌや、北アメリカの先住民のように、巨大で堂々としたクマは、古くから神聖で特別な生き物とされてきた。ヒマラヤのイエティもおそらく、人々から恐れられ、崇拝される神秘に満ちた生き物だったのだろう。

スカイフィッシュ
Sky Fish

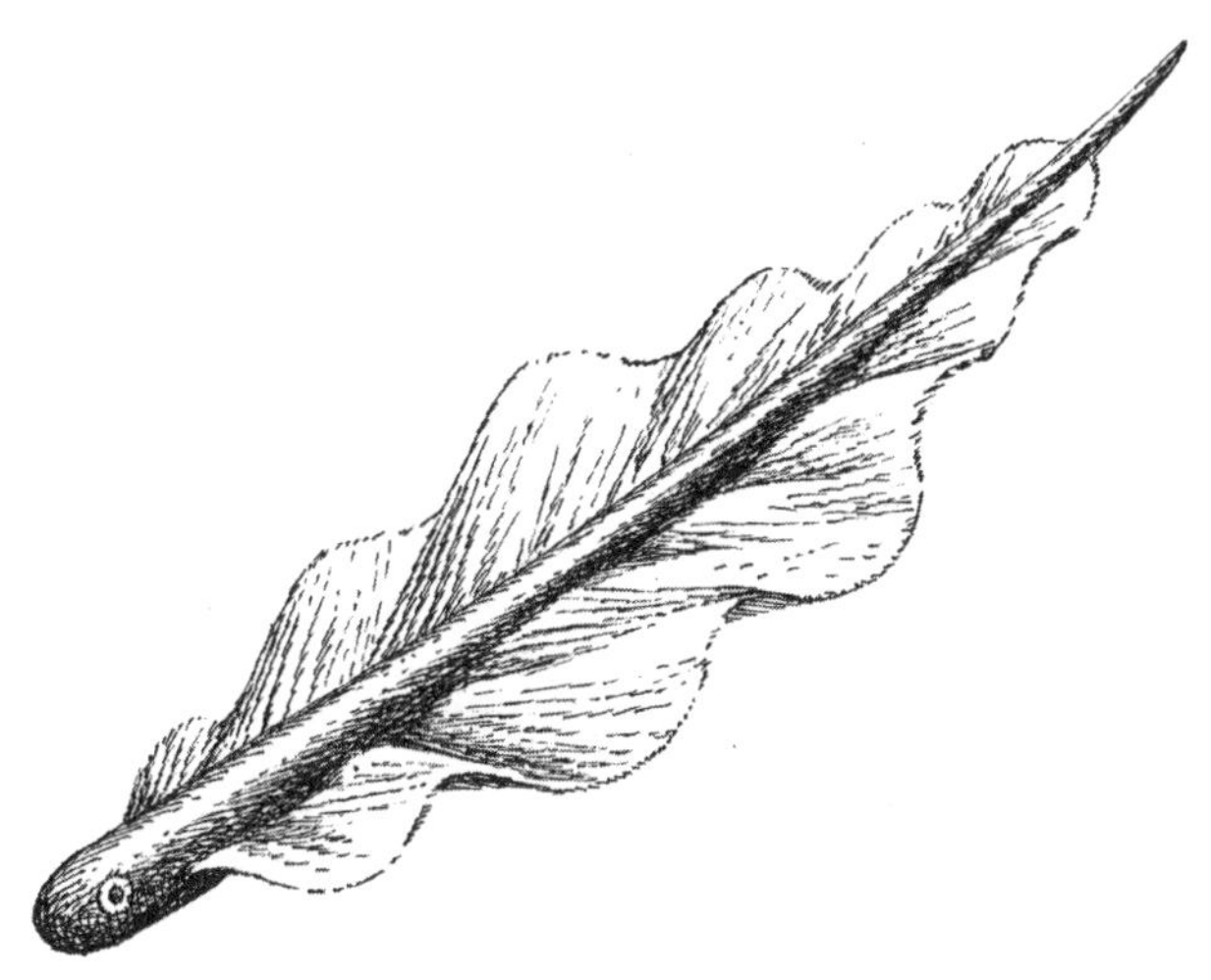

紹介

メキシコのジャングルの中に、地球の中心まで続いているのではないかと思わせるほど、深く巨大な洞窟がある。それが、地球最大のタテ穴であるゴロンドリナス洞窟である。

洞窟の直径は五五メートル、深さは四〇〇メートルにもなる。東京タワーが入ってしまうほどの深さだ。

一九九五年、ビデオ編集者のホセ・エスカミーラは、この洞窟の映像に奇妙な現象を発見した。ビデオ映像をコマ送りしていると、カメラに生き物が映り込んでいることに気がついたのだ。

その生物は、長い棒状の体に複数の羽根を持ち、飛んでいる。しかし、カメラを撮影しているときには、まったく気がつかなかった。飛ぶスピードがあまりに速いので、肉眼では見えないのだ。

それが「スカイフィッシュ」である。

映像を検証すると、スカイフィッシュは大きさが六〇センチから二メートルほどであると推察される。そして、時速二八〇キロメートル以上もの速さで空を飛び回っていると言われているのだ。

このスカイフィッシュの正体とされている生物の一つが、アノマロカリスである。

アノマロカリスは、古生代の海に暮らしていた古代生物である。確かに、側面にヒレのようなものがあり、それを動かして前進するようすはアノマロカリスに似ている。

アノマロカリスは海の中の生き物であるが、空を飛ぶ鳥も、もともとは海の中に棲む魚類から進化を遂げた。まさか、アノマロカリスが海から空へと進化を遂げたものが、スカイフィッシュなのだろうか。

正体

スカイフィッシュは二八〇キロもの高速で空を飛び、カメラでは捉えることができるが、肉眼で見ることはできないと言われている。

しかし、どうだろう。新幹線でも三〇〇キロメートルを超える速度で走っている。鳥のハヤブサは急降下するときは、三〇〇キロメートルを超える速度が出るというが、新幹線もハヤブサも肉眼で見える。

それなのに、二八〇キロで飛ぶ二メートルもある生物が、速すぎて肉眼で見えないということはあるだろうか。

スカイフィッシュの正体は、現在では解明されていて、カメラの直前を横切った虫が映り込んだものとされている。

カメラの前を虫が横切ると、「モーションブラー現象」が起こる。これはカメラの特性で映ったものが、ブレて引き延ばされて残像が映る現象である。

実際に、カメラの前でガやハエなどの虫を放ってカメラを回していると、羽を動かして飛ぶようすが引き延ばされて、何枚もの羽で飛ぶ細長い生き物のように映る。スカイフィッシュの撮影は、再現できるのである。

何のことはない。世界を騒がせたスカイフィッシュの正体は、小さな虫だったのである。

ネッシー
Nessie

紹介

「ネッシー」はもっとも有名なＵＭＡ（未確認生物）と言っていいだろう。

一九三三年以降、スコットランドのネス湖で、巨大な生物の存在が目撃されるようになった。その正体は首長竜に似ているとされ、恐竜時代に繁栄したプレシオサウルスの生き残りであると言われている。目撃証言が数多いにもかかわらず、実在するのかどうかはいまだにわかっていない。まさに二十世紀最大のミステリーと言われるゆえんである。

二十一世紀になった現代でも、その正体はわかっていない。

一九三四年に撮影された首長竜が首をもたげたようなもっとも有名なネッシーの写真は、じつは発表された六〇年後に捏造であったことが告白された。しかし、ネッシーの目撃情報は数多い。この写真が捏造だったというだけで、ネッシーの存在が否定されたわけではない。そもそも、写真も、ネッシーの足跡を発見したことが偽物扱いされた腹いせに撮られたものらしい。

ネッシーの正体とは何なのだろうか。

ネッシーが首長竜である可能性は低い。首長竜であれば、呼吸のために頻繁に水面に顔を出さなければならない。また、恐竜の時代から首長竜が生き長らえるためには、一頭ではなく、何頭かの個体がいなければ子孫を残すことができない。

ネス湖は細長い独特の地形をしているため、ネッシーの目撃例の多くは、強い風や船の航行によって引き起こされた波であるとされている。

もっとも、ネッシーの正体ではないかと言われている生物もある。

たとえば、大きいものでは六メートルを超えるような体長がある、もっとも巨大な淡水魚であるオオチョウザメや、体長四メートルにもなり淡水魚ではオオチョウザメに次ぐ大きさであるヨーロッパオオナマズなどの巨大な魚がその候補である。しかし、ネス湖にはこれらの巨大魚は生息していない。

そんな中、二〇一八年にニュージーランドのオタゴ大学のチームの手により大規模で画期的な調査が行なわれた。その調査とは、ネス湖の二五〇ヶ所から水を採取し、水の中に含まれる生物の表皮や排泄物などのＤＮＡを抽出し、その生物を同定しようというものである。

だが、その結果、爬虫類らしきＤＮＡは認められなかった。さらには、チョウザメやナマズのＤＮＡも発見されなかった。そして、もっとも採取されたのがヨーロッパウナギのＤＮＡだったのである。この調査の結果、ネス湖には多くのウナギが生息していることが明らかとなったのである。とはいえ、だからといって、ウナギがネッシーの正体であるかはわからない。これは湖に多くのウナギのＤＮＡがあったというだけであって、巨大なウナギがいたわけではないのだ。しかし、たくさんのウナギがいるのであれば、巨大なウナギがいるとしてもおかしくはないという考え方もある。もしかすると、巨大なウナギがネッシーの正体なのだろうか。

ネッシーが実在するのかどうかは、いまだミステリーなのである。

参考文献

青木良輔『ワニと龍　恐竜になれなかった動物の話』平凡社（二〇〇一）

荒俣宏『アラマタヒロシの妖怪にされちゃったモノ事典』秀和システム（二〇一九）

張競『天翔るシンボルたち　幻想動物の文化誌』農文協（二〇〇二）

荻野慎諧『古生物学者、妖怪を掘る　鵺の正体、鬼の真実』NHK出版新書（二〇一八）

今泉忠明『謎の動物の百科』データハウス（一九九四）

川道武男『ムササビ　空飛ぶ座ぶとん』築地書館（二〇一五）

近藤雅樹監修『ふしぎな姿にびっくり！　伝説の生き物図鑑　世界の神獣・怪物大集合』PHP研究所（二〇一一）

村上健司編・水木しげる画『日本妖怪大事典』角川書店（二〇〇五）

歴史の謎研究会編『秘められた日本史【妖怪】の謎と暗号』青春出版社（一九九七）

歴史の謎を探る会編『謎解き世界史　ふしぎ伝説の真相に迫る！』河出書房新社（二〇一〇）

鮫島正道『東洋のガラパゴス　奄美の自然と生き物たち』南日本新聞社（一九九五）

トニー・アラン著・上原ゆうこ訳『世界幻想動物百科』原書房（二〇〇九）

山北篤『幻想生物　西洋編』新紀元社（二〇一〇）

著者／稲垣栄洋（いながき・ひでひろ）

1968年静岡県生まれ。静岡大学大学院農学研究科教授。農学博士。専門は雑草生態学。岡山大学大学院農学研究科修了後、農林水産省に入省、静岡県農林技術研究所上席研究員などを経て、現職。著書に、『生き物の死にざま』（草思社）、『はずれ者が進化をつくる』（筑摩書房）、『弱者の戦略』（新潮社）、『世界史を大きく動かした植物』（PHP研究所）など。

イラスト／河合真維（かわい・まい）

イラストレーター、画家。愛知県名古屋市出身。2013年、愛知県立芸術大学デザイン専攻卒業。'15年に同大学美術研究科博士前期課程デザイン領域修了。植物や動物、少女などを主なモチーフに、ペンやアクリルガッシュ、またはデジタルの手法を用いてファンタジーの世界を描く。主に書籍の装画、挿絵などで活動中。

装丁／ヤマシタツトム

DTP／横川浩之

編集協力／出版エージェント　野口英明

モンスターにされた生き物たち

妖怪・怪物の正体とは？

2021年12月25日　初版発行

著者　稲垣栄洋

発行所　株式会社　二見書房
東京都千代田区神田三崎町2-18-11
電話　03（3515）2311［営業］
03（3515）2313［編集］
振替　00170-4-2639

印刷　株式会社　堀内印刷所
製本　株式会社　村上製本所

落丁・乱丁本はお取り替えいたします。
定価は、カバーに表示してあります。

ISBN978-4-576-21196-1
https://www.futami.co.jp